Șerban Eugen Savu

CALEA UCENICULUI
Principii și Practici Masonice

Editura Lux Mundi
București 2024

Descrierea CIP a Bibliotecii Naţionale a României

SAVU, ŞERBAN EUGEN

Calea ucenicului: principii şi practici masonice / Şerban Eugen Savu. - Bucureşti: Lux Mundi, 2024

Conţine bibliografie

ISBN 978-606-95666-9-5

061.236.6

Realizare grafică: Oana Savu

Colecția Ritualuri, Ceremonii și Instruire Masonică

Șerban Eugen Savu

CALEA UCENICULUI
Principii și Practici Masonice

CUVÂNT ÎNAINTE

În epoca actuală, caracterizată printr-o libertate de exprimare fără precedent, accesul la informații despre francmasonerie este mai facil decât oricând. Numeroasele cărți publicate în întreaga lume, paginile web ale diferitelor Loji sau Mari Loji, care dezvăluie concepte, teme și simbolistică masonică, precum și filmele apărute disponibile, au expus în spațiul public o cantitate uriașă de informații, uneori descrise drept "secrete" masonice. Această avalanșă de informații poate fi copleșitoare și, în unele cazuri, imposibil de sintetizat, explicat sau aprofundat în întregime.

Cu toate acestea, adevăratul *"secret masonic"* nu poate fi găsit în paginile unei cărți sau pe un website. Acesta rezidă în introspecția personală, în aspirația constantă către autoperfecționare și în munca desfășurată în Lojă, alături de frații francmasoni. Este un proces intern, subtil și profund personal, care nu poate fi capturat prin cuvinte sau transmis prin simple înșiruiri de litere.

În această carte, nu voi putea oferi esența misterului masonic, deoarece aceasta se află în experiența individuală, în trăirea și evoluția personală a fiecărui mason.

Ceea ce pot oferi sunt uneltele și cadrul de gândire

necesare pentru a îndruma cititorul pe calea sa unică de descoperire și dezvoltare individuală în cadrul francmasoneriei. Restul, informațiile teoretice și cele descriptive sunt doar repere pe harta unei călătorii mult mai profunde și personale.

Autorul

CALEA UCENICULUI

Această carte este creată cu intenția specifică de a servi drept un ghid solid pentru cei care doresc să-și dezvolte activitatea masonică, punând un accent deosebit pe aspectele de ezoterism și ritualistică.

Francmasoneria, în esența sa, este profund înrădăcinată în aceste componente, iar o înțelegere aprofundată a lor este crucială pentru orice mason care dorește să-și îmbunătățească cunoștințele și practica.

Este adevărat că în francmasonerie există o varietate de motive și motivații pentru acceptarea extinderii numărului de membri. De-a lungul timpului, francmasoneria s-a adaptat și a evoluat, acceptând noi direcții și modalități de implicare, inclusiv în activități sociale și publice.

Adaptabilitatea este una dintre forțele francmasoneriei, permițându-i să rămână relevantă și influentă în diverse contexte sociale și culturale.

Cu toate acestea, apar probleme atunci când baza ezoterică și ritualică este neglijată sau subestimată în favoarea altor aspecte ale noilor activități masonice. Un astfel de dezechilibru poate duce la o deviere de la principiile și tradițiile care formează fundamentul francmasoneriei. Nestăpânirea cunoștințelor de bază minim obligatorii poate duce la interpretări eronate sau aplicări incorecte ale învățăturilor masonice.

Această carte a fost scrisă cu scopul de a fi un fel de "abecedar" pentru primul grad al masoneriei simbolice, oferind un punct de plecare solid pentru cei nou-veniți în francmasonerie. Ea urmărește să asigure că noii membri au o fundație robustă în înțelegerea ezoterismului și ritualisticii masonice, ceea ce este esențial pentru o participare autentică și în deplină înțelegere a activității în Lojă.

Prin aceasta, sper să contribui la menținerea și

promovarea tradițiilor masonice autentice, asigurând că esența francmasoneriei este transmisă corect și respectuos generațiilor viitoare de masoni.

Cu peste două decenii de experiență activă în viața masonică din România, la nivel de Lojă Simbolică, cât și peste un deceniu în funcții executive în cadrul Marii Loji Naționale din România, cu atribuții clar definite în domeniile gândirii masonice, ezoterismului și ritualisticii, am acumulat o înțelegere profundă și cuprinzătoare a necesităților educaționale ale francmasoneriei.

Experiența mea include, de asemenea, o contribuție semnificativă la dezvoltarea proiectului național de Instruire Masonică, ceea ce m-a ajutat să identific faptul că există o nevoie acută pentru o carte care să conțină informațiile esențiale necesare unui Ucenic în parcursul său inițiatic și de dezvoltare în francmasonerie.

Decizia de a transmite Ucenicilor în particular și masonilor în general acest set de cunoștințe minime s-a conturat și mai evident în urma derulării activității mele și într-o altă Mare Lojă din Europa, care m-a adoptat cu inimă deschisă și entuziasm. Mulțumesc pe această cale tuturor Fraților mei alături de care lucrez, cu drag și bucurie.

Participarea activă în cadrul Frăției Masonice m-a învățat cât de vital este pentru un mason să stăpânească corect setul minim de cunoștințe de bază pentru fiecare Grad Simbolic.

Această carte este scrisă cu speranța de a servi drept

un punct de pornire esențial în viața fiecărui Ucenic, dar și pentru orice mason care dorește să-și reconsolideze și să-și verifice cunoștințele fundamentale legate de gradul de Ucenic.

Scopul meu este de a furniza o bază solidă și accesibilă de cunoștințe, care să faciliteze înțelegerea și aplicarea principiilor masonice, ajutând astfel la dezvoltarea continuă și la progresul fiecărui mason în călătoria sa inițiatică.

NOȚIUNI INTRODUCTIVE

În cadrul francmasoneriei, unele dintre teoriile care circulă au avut o influență profundă asupra modului în care membrii acestei organizații își dezvoltă gândirea și perspectiva asupra vieții. Pentru un inițiat, este crucial să fie familiarizat cu aceste teorii, deoarece ele pot să servească drept surse valoroase de învățăminte și inspirație.

Un principiu fundamental al francmasoneriei este că aceasta nu impune nicio concepție sau ideologie specifică membrilor săi. În schimb, ea încurajează gândirea independentă și explorarea liberă a diferitelor perspective și idei.

În esență, Francmasoneria servește ca un mediu în care indivizii pot să-și dezvolte propria viziune asupra lumii, fără să li se ofere soluții preconcepute sau dogme rigide.

Este important să ținem cont de acest aspect în discuțiile și studiile ulterioare legate de francmasonerie. Acestă abordare de a încuraja gândirea independentă și explorarea liberă a ideilor este esențială pentru a asigura că membrii pot să-și dezvolte potențialul intelectual și spiritual într-un mod autentic și personalizat.

În această carte mă voi strădui să prezint cât mai multe dintre teoriile promovate de-a lungul timpului

cu scopul de a furniza informații și de a provoca reflecția celor interesați, fără a încerca să susțin vreo teză particulară.

Francmasoneria se distinge prin faptul că respinge ferm orice formă de dogmatism și nu își propune să susțină sau să favorizeze o anumită doctrină sau credință.

Acest refuz de a susține o anumită perspectivă sau ideologie specifică demonstrează angajamentul francmasoneriei față de promovarea gândirii libere și independente. Prin deschiderea către diverse direcţii şi abordări, masoneria oferă un mediu în care membrii săi pot să exploreze ideile şi să îşi dezvolte propria înţelegere a lumii.

Un aspect esenţial al acestui proces este că Francmasoneria caută să identifice principiile şi valorile care unesc toţi gânditorii, indiferent de credinţe sau convingeri personale.

Adevărul, în viziunea ei, poate fi descoperit doar prin armonia şi acordul dintre diferitele perspective şi abordări, promovând astfel înţelegerea comună şi unitatea între membrii săi.

Este o abordare care subliniază respectul pentru diversitate şi importanţa dialogului în căutarea Adevărului universal.

Francmasoneria îşi propune să creeze iniţiaţi autentici, bărbaţi care să se ridice la cel mai înalt nivel posibil al dezvoltării lor personale. Prin intermediul acestei organizaţii, indivizii sunt încurajaţi să-şi dezvolte cele mai nobile calităţi din esenţa lor umană.

De la o persoană iniţial ignorată şi nedezvoltată, Francmasoneria îşi asumă misiunea de a transforma individul într-un gânditor profund şi înţelept. Această metamorfoză nu are loc într-un timp scurt sau prin simpla aderare la organizaţie. Ea presupune o muncă continuă şi concentrată, desfăşurată în cadrul a trei etape definitorii.

Aceste etape reprezintă procesul de iniţiere şi dezvoltare personală în francmasonerie şi includ învăţarea şi asimilarea treptată a învăţăturilor şi a valorilor masonice.

În fiecare etapă, individul are ocazia de a se auto-descoperi, de a crește în înțelepciune și de a se implica într-o comunitate de oameni cu gândire similară, care împărtășesc aceleași aspirații în ceea ce privește dezvoltarea personală și morală.

În concluzie, Francmasoneria nu doar aspiră să formeze inițiați, ci și să îi susțină în dezvoltarea lor pentru a deveni indivizi mai înțelepți și mai iluminați. Evoluția are loc printr-un proces treptat, care necesită

angajament și perseverență din partea fiecărui membru.

În primul rând, în cadrul procesului de inițiere în francmasonerie, se desfășoară o curățire intelectuală și morală, având ca obiectiv eliberarea sufletului de orice element care ar putea împiedica lumina să pătrundă în el.

Această etapă este esențială pentru a explica ritualurile de purificare și testele prin care trece ucenicul; acestea îl călăuzesc spre descoperirea și înțelegerea luminii.

Cu toate că adeptul este acceptat în rândurile masoneriei, nu se așteaptă doar să recunoască adevărurile și învățăturile masonice. Ceea ce devine deosebit de important este modul în care el acționează în conformitate cu rațiunea și învățăturile pe care le-a dobândit.

Acesta este mijlocul prin care atrage lumina spre el și își propune să se integreze complet cu ea.

În esență, această etapă sugerează *că nu este suficient să cunoaștem adevărul, ci este mai important să trăim în armonie cu el.*

Prin aplicarea învățăturilor masonice în viața de zi cu zi și prin urmarea rațiunii, noul Ucenic devine un receptacul al luminii, căutând să se identifice și să se confunde total cu aceasta.

În felul acesta, Francmasoneria încurajează nu doar cunoașterea, ci și punerea în practică a învățăturilor pentru a aduce iluminare și îmbunătățire atât propriei vieți, cât și societății.

Masonul este chemat să efectueze o transformare profundă asupra propriei sale ființe, asemănătoare cu procesul de transmutație al alchimiștilor. În acest context, aurul simbolizează puritatea și perfecțiunea.

În esență, masonii sunt încurajați să caute să devină indivizi mai buni și mai iluminați, asemenea procesului prin care alchimiștii căutau să transforme metalele comune în aur.

Ucenicul are o responsabilitate crucială în această călătorie inițiatică. El trebuie să îndeplinească prima

parte a ceea ce se numește "Opera Filosofilor", un termen care desemnează etapele și procesele esențiale în dezvoltarea și evoluția sa ca mason. Ritualul asociat gradului său marchează și detaliază cu precizie secvența de activități și acțiuni pe care trebuie să le efectueze.

Ritualul și simbolurile aferente nu sunt doar ceremonii externe, ci au un scop profund inițiatic. Ele reprezintă călătoria interioară pe care masonii trebuie să o parcurgă pentru a atinge stadiul de puritate, înțelepciune și perfecțiune pe care "aurul" îl simbolizează.

În final, acest proces de transformare personală nu doar îi ajută pe masoni să se dezvolte ca indivizi, ci are și o influență pozitivă asupra societății, contribuind la construirea unui mediu mai luminos și mai înțelept pentru toți.

TERMINOLOGIE MASONICĂ

ABREVIEREA MASONICĂ

Este maniera specifică de scriere utilizată de către francmasoni, care constă în utilizarea uneia sau două litere dintr-un cuvânt urmate de un simbol.

Acest procedeu de scriere lapidară, foarte frecvent utilizată de către greci şi romani în antichitate, constă în suprimarea unor litere dintr-un cuvânt pentru a le înlocui prin plasarea a trei puncte aşezate la sfârşitul prescurtărilor.

În practica francmasonică se utilizează prima literă a cuvântului sau maxim trei litere, urmate de cele trei puncte aşezate în triunghi.

Exemple:

- Mare(le) Arhitect Al Universului
  - M∴A∴A∴U∴

- Frate - F∴ (sau Fr∴)

I∴ G∴ M∴ A∴ A∴ U∴

- Respectabilă Lojă - R∴L∴

- Marea Lojă Naţională din România - M∴L∴N∴R∴

Pentru plural, se dublează litera de bază utilizată pentru singular:

- Fraţi - FF∴ sau (FFr∴)

- Respectabile Loji - RR∴LL∴

O altă abreviere masonică importantă este:

- Anul Luminii (Anno Lucis) - A∴L∴

Cele mai ultilizate abrevieri în cadrul Lojii:

- M∴V∴ - Maestrul Venerabil

- P∴S∴ - Primul Supraveghetor

- A∴D∴S∴ - Al Doilea Supraveghetor

- Or∴ - Orator

- Sec∴ - Secretar

- Exp∴ - Expert

- M∴C∴ - Maestru de Ceremonii

- Tr∴ - Trezorier

- Osp∴ - Ospitalier

- Ac∴ - Acoperitor

Cele mai ultilizate abrevieri în cadrul Marii Lojii:

- M∴M∴ - Mare Maestru

- M∴M∴A∴ - Mare Maestru Adjunct

ANUL LUMINII

Anul Luminii sau Anno Lucis este un sistem de datare utilizat în comunicarea şi terminologia masonică, care este echivalent cu anul gregorian plus 4000. Este similar cu Anno Mundi.

De exemplu, o dată din Anno Domini (AD) 2024 devine Anno Lucis (AL) 6024. Această ajustare calendaristică, care ar desemna anul 4000 î.Hr. ca "*anul zero*", a fost adoptată în secolul al XVIII-lea ca o

simplificare a sistemului de datare a erei Anno Mundi folosit în calendarul ebraic și împrumutând din alte idei din acea vreme cu privire la anul Creației.

Conform stravechilor texte masonice, datarea Creației în jurul anului 4000 î.Hr. a devenit obișnuită și a fost primită cu un sprijin larg.

Calculele propuse pentru data Creației, folosind rezultatele diferiților cercetători agreați de către Masonerie din secolul al X-lea până în secolul al XVIII-lea, au fost numeroase și au fluctuat cu multe

decenii.

În special este de remarcat faptul că şi calculul lui Isaac Newton a indicat anul 4000 î.Hr ca fiind anul Creaţiei.

Dintre estimările sau calculele masonice privind data Creaţiei, cronologia specifică a arhiepiscopului anglican James Ussher, născut la Dublin în anul 1850, este îmbrăţişată şi adoptată ca vesiune finală.

Astfel, James Usher ar fi reuşit prin calcule proprii să identifice în cronologia bibilcă faptul că anul în care a fost creată lumea, aşa cum este ea, este anul 4004 î.Hr.; pentru uşurinţa calculelor şi a exprimărilor masonice, data a fost ajustată la anul 4000 î.Hr.

Dealtfel, aceasta a devenit cea mai acceptată şi mai populară versiune în creştinătatea protestantă, în special pentru că această dată specifică a fost ataşată la Biblia King James.

CABINETUL DE REFLECȚIE

Primul contact al Profanului - Candidatului cu Templul Masonic, cu viaţa masonică activă, este Cabinetul de Reflecţie.

Există o ruptură informaţională în ceea ce priveşte derularea ritualului cu privire la o explicaţie simplă ce scapă celui implicat şi asupra căreia nu se mai revine ulterior.

Când este introdus în Cabinetul de Reflecţie, candidatul nu primeşte informaţia conform căreia ceea ce va experimenta este de fapt o *Probă a iniţierii*, respectiv *Proba pământului*.

Când este introdus în Templu pentru Iniţiere i se transmite că a trecut cu bine peste "*Proba pământului*", fără a i se completa informaţia.

În emoţia momentului şi în complexitatea Ceremoniei de Iniţiere, această informaţie scapă de multe ori profanului implicat şi el nu mai revine asupra acestui punct esenţial din plecarea în călătoria personală în viaţa masonică.

Intrarea în Cabinetul de Reflecţie reprezintă momentul în care candidatul intră în contact direct cu simbolurile, misterul şi profunzimea ritualurilor masonice.

Candidatul este adus într-un mediu liniştit, izolat de agitaţia lumii exterioare, unde are ocazia să reflecteze profund asupra vieţii sale, a valorilor sale şi a motivaţiei sale pentru a deveni francmason.

Din cauza emoţiilor şi a complexităţii Ceremoniei de Iniţiere care urmează, candidatul poate să nu îşi amintească sau să înţeleagă pe deplin semnificaţia Cabinetului de Reflecţie.

Este esenţial ca instruirea şi îndrumarea ulterioară să acorde o atenţie specială acestui moment, care

reprezintă un punct crucial pe drumul său către lumină și înțelepciune, și este esențial ca acest moment să fie înțeles și valorificat pe deplin.

REFLECȚIE SAU RELFEXIE?!?

Primul aspect pe care îl explorăm în călătoria noastră este un subiect ce poate genera dezacorduri și dileme, deși nu este esențial și nici nu merită să ne concentrăm prea mult asupra disputelor în detrimentul explorării aprofundate a ceea ce este cu adevărat intrigant.

Conform dex:

Reflexie = *Fenomen de reîntoarcere parțială a luminii, a sunetului, a radiațiilor în mediul din care au venit atunci când întâlnesc o suprafață de separare a două medii.*

Reflecție = *Meditare, cugetare, gândire; ... reflexie - din fr. réflexion, lat. reflexio, (a reflecta).*

Confuzia este generată de termenii din limbile latină și franceză unde expresia *reflexio(n)* semnifică ceea ce în română este exprimat ca "ț", iar în "original" este "x".

Unele diferențe de ortografie pot părea subtile în limba română. În latină, cuvântul "reflexio" se referă la ideea de a reflecta sau de a se întoarce înapoi.

Această confuzie poate să apară în limba română din cauza ortografiei și pronunției similare a acestor două cuvinte.

În concluzie, reflexia și reflecția sunt termeni cu semnificații distincte, iar confuzia lor poate apărea datorită asemănărilor fonetice și ortografice.

DESCRIERE PRIMARĂ

Cabinetul este un spațiu de dimensiuni reduse, de formă dreptunghiulară, poziționat în același mod ca și Templul, având orientarea de la Occident la Orient.

Acesta este adesea vopsit sau drapat în negru, creând

astfel o atmosferă distinctă şi semnificativă.

Cabinetul de Reflecţie reprezintă un loc special în tradiţia masonică, unde cineva poate experimenta o transformare interioară şi o căutare a adevărului.

PROCEDURA

Însoţit de Naşul său, candidatul se pregăteşte să păşească în Templu la ora stabilită, cu precizarea că

trebuie să ajungă cu cel puțin 30 de minute înainte de începerea Ceremoniei de Inițiere. Nașul are rolul de a-l însoți și de a-l ghida pe candidat în această etapă crucială a procesului masonic.

Odată ce ajunge în Templu, candidatul este predat Expertului, care va juca un rol important în pregătirea sa pentru inițiere.

Este adevărat că, în zilele noastre, multe informații despre Ritualurile Masonice sunt disponibile online și pot fi găsite pe diverse platforme precum "Scribd" sau chiar sunt disponibile la unele anticariate.

Aceste resurse publice pot oferi un anumit grad de cunoaștere teoretică a ceea ce va avea loc în timpul inițierii.

În mod concret, discuția decurge în modul următor:

Expertul *- Domnule, ați cerut să fiți primit în francmasonerie. Hotărârea dumneavoastră este definitivă? Sunteți gata să vă supuneți probelor Inițierii? Dacă da, urmați-mă.*

Expertul, după ce l-a legat la ochi pe candidat, îl va conduce în Cabinetul de Reflecție, unde îi va da jos bandoul.

Expertul *- Domnule, aici veți fi supus la prima încercare, denumită "Proba Pământului".*

În acest sens, veți fi lăsat singur, în liniște, la lumina slabă a acestei lumânări.

Vă îndemn să reflectați la semnificația alegorică a simbolurilor și imaginilor ce vă sunt înfățișate.

Acest Cabinet de Reflecţie este locul morţii dumneavoastră simbolice, în care vă despărţiţi de lumea profană.

Vă veţi redacta Testamentul Filosofic, răspunzând în scris la întrebările care sunt notate pe această hârtie, formulând ultimele dumneavoastră opinii profane.

SINGUR ÎN CABINET

Atunci când Candidatul rămâne singur în Cabinet, este aproape inevitabil să înceapă să examineze împrejurimile şi să încerce să înţeleagă cu exactitate în ce fel de loc a fost introdus.

Observarea perimetrului şi a obiectelor din jur devine o primă reacţie naturală.

Candidatul va observa întregul Cabinet, în care pot fi simboluri masonice sau obiecte specifice pregătite pentru iniţiere.

Este un moment în care candidatul poate începe să exploreze simbolismul şi înţelesul acestor elemente, pregătindu-se pentru experienţa misterioasă care va urma în această etapă importantă a călătoriei sale masonice.

PERETELE DE LA ORIENT

În mod concret şi sumar, pe peretele de la Orient se identifică:

- Semnul zodiacal al berbecului (în roşu), sub care se află un cocoş care cântă.

- Cocoşul stă pe inscripţia *"Vigilenţă şi Perseverenţă"*.

- Sub această inscripţie este scrisă, cu litere albe, următoarea frază: *"Dacă perseverezi vei fi purificat prin elemente, vei ieşi din abisul tenebrelor, vei vedea Lumina"*.

Vigilenţă şi Perseverenţă
Dacă perseverezi vei fi purificat prin Elemente,
vei ieşi din abisul tenebrelor, vei vedea LUMINA

- Sub banderolă se află un triunghi cu vârful în sus pictat în roşu (simbolul focului).

Semnul zodiacal al berbecului este reprezentat într-o nuanţă vibrantă de roşu, iar sub acesta se găseşte o imagine a unui cocoş care cântă.

Cocoşul, cu aripile întinse şi gâtul înălţat, simbolizează încrederea şi curajul, caracteristici asociate semnului zodiacal al berbecului.

El stă ferm şi cu mândrie pe inscripţia *"Vigilenţă şi Perseverenţă"* subliniind calităţile esenţiale necesare pentru a aborda provocările vieţii cu succes.

Pentru aprofundarea semnificaţiei, observăm şi o frază importantă scrisă cu litere albe.

Această frază are un impact puternic şi oferă o direcţie profundă: *"Dacă perseverezi vei fi purificat prin elemente, vei ieşi din abisul tenebrelor, vei vedea Lumina."*

Aceste cuvinte sugerează că doar prin perseverenţă şi rezistenţă, o persoană poate atinge o purificare interioară, depăşind dificultăţile şi întunericul vieţii pentru a ajunge la lumină şi înţelepciune.

În partea de jos a designului, putem observa un triunghi cu vârful în sus, pictat în aceeaşi nuanţă vibrantă de roşu.

Acest triunghi este un simbol al focului, reprezentând pasiunea, entuziasmul şi determinarea.

Prin urmare, întregul ansamblu de pe peretele de la Orient reprezintă un apel la acţiune şi la perseverenţă în căutarea luminii şi a cunoaşterii, subliniind faptul că doar cei care rămân vigilenți și persistă în fața obstacolelor vor găsi în cele din urmă iluminarea și înțelegerea profundă a vieții.

PERETELE DE MIAZĂNOAPTE

În mod concret și sumar, pe peretele de la Miazănoapte se identifică:

- Semnul zodiacal al racului (în albastru).
- Un schelet uman (pictat în alb).
- Inscripția V.I.T.R.I.O.L.
- Simbolurile alchimice ale sulfului și sării.
- Fraza: *"Dacă sufletul tău a simțit frica, nu merge mai departe".*
- Un triunghi cu vârful în jos, pictat în albastru (simbolul apei).

Semnul zodiacal al racului, reprezentat într-o nuanță profundă de albastru, captează esența și semnificațiile asociate acestui semn zodiacal. În centrul acestei alegorii complexe se află un schelet uman, conturat în alb, sugerând fragilitatea și trecerea inevitabilă a vieții umane.

Un element cheie al acestui tablou misterios este inscripția **V.I.T.R.I.O.L.**, care este o abreviere a frazei *"Visita Interiora Terrae, Rectificando Invenies Occultum Lapidem"*, tradusă ca *"Vizitează interiorul pământului, corectându-te vei descoperi Piatra*

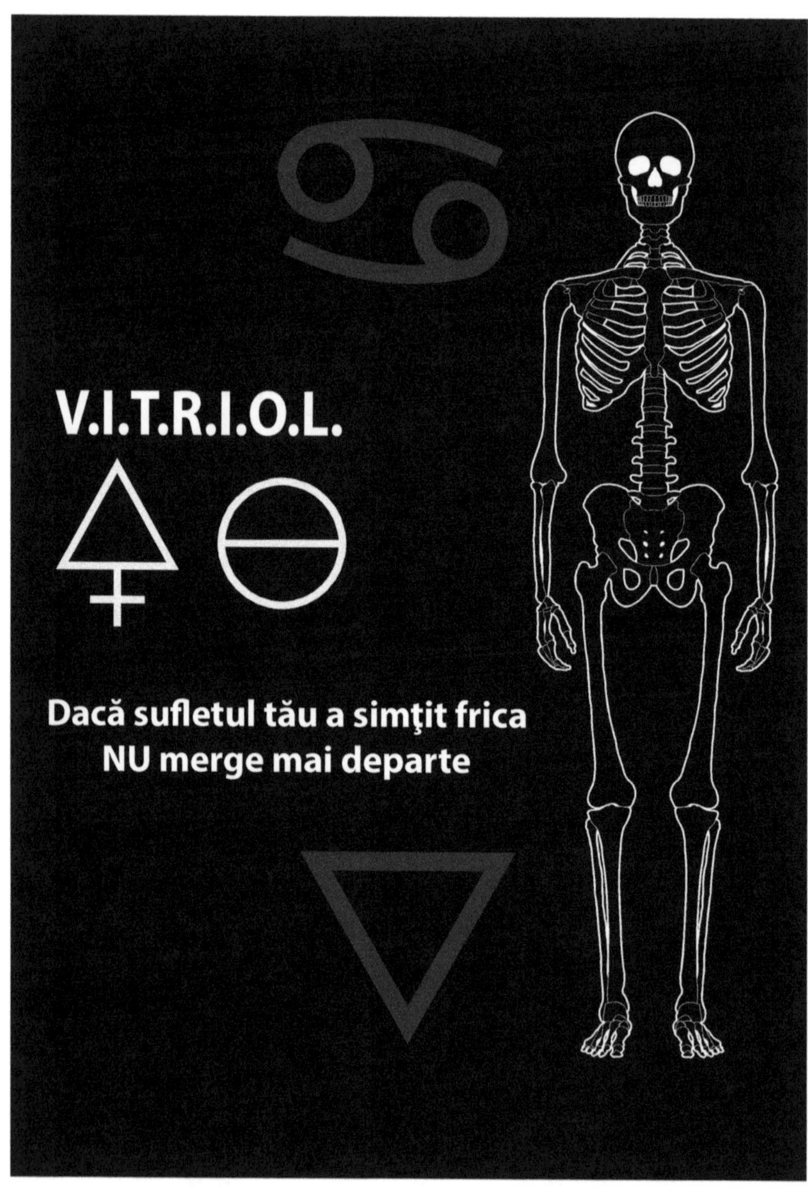
V.I.T.R.I.O.L.
Dacă sufletul tău a simţit frica
NU merge mai departe

Ascunsă".

Fraza are profunde conotații alchimice și sugerează că, prin auto-reflecţie și autocorecţie, omul poate descoperi cunoașterea ascunsă sau înțelegerea profundă a existenței sale.

De asemenea, găsim simbolurile alchimice ale sulfului și sării.

Sulful și sarea reprezintă elemente importante în alchimia tradiţională și au semnificaţii complexe, legate de transformarea și purificarea materiei și a spiritului.

O frază care adaugă misterul și profunzimea acestui ansamblu este: *"Dacă sufletul tău a simţit frica, nu merge mai departe".*

Afirmaţia subliniază necesitatea curajului și a hotărârii în căutarea cunoașterii și a înțelegerii profunde.

Sub această frază se află un triunghi cu vârful în jos, pictat în albastru, care este un simbol al apei. Acest element sugerează fluiditatea și adaptabilitatea necesare în căutarea adevărului și a înțelepciunii.

În ansamblu, acest tablou complex combină elemente ale zodiacului, alchimiei și înțelegerii spirituale pentru a transmite un mesaj profund despre căutarea umană a înțelegerii profunde și a cunoașterii de sine.

Este o alegorie care încurajează introspecţia și căutarea perseverentă a înțelepciunii, subliniind că doar cei curajoși și hotărâți pot descoperi tainele ascunse ale existenței.

PERETELE DE LA OCCIDENT

În mod concret şi sumar pe peretele de la Occident se identifică:

- Semnul zodiacal al balanţei (în galben).

- Fraza: *"Dacă curiozitatea te-a adus aici, pleacă!"*

- Sub frază se află un triunghi cu vârful în sus tăiat de o linie orizontală, pictat în galben (simbolul aerului).

Semnul zodiacal al balanţei, reprezentat într-o culoare strălucitoare de galben, atrage atenţia şi adaugă o notă de vitalitate întregului ansamblu de simboluri.

În centrul acestei reprezentări, găsim o frază inscripţionată în mod evident: *"Dacă curiozitatea te-a adus aici, pleacă!"* Această declaraţie adânceşte misterul şi semnificaţia ansamblului şi reprezintă o chemare la decizie pentru cei care trec pe lângă ea.

Sub fraza enigmatică se află un triunghi cu vârful în sus, tăiat de o linie orizontală, şi el pictat în galben, reprezentând simbolul aerului. Simbolul este plin de semnificaţii, reprezentând gândirea, comunicarea şi schimbul de idei.

Prin includerea simbolului aerului, se subliniază că înţelegerea şi cunoaşterea pot fi dobândite prin explorarea gândurilor şi a ideilor, precum şi prin deschiderea către schimbul de cunoştinţe.

Dacă curiozitatea te-a adus aici,
PLEACĂ!

Acest ansamblu misterios și provocator transmite un mesaj clar: căutarea cunoașterii și a înțelegerii necesită un spirit curios și explorator, dar și hotărâre și angajament.

Mesajul *"Dacă curiozitatea te-a adus aici, pleacă!"* poate părea inițial un avertisment, dar poate fi, de asemenea, o încurajare pentru cei care sunt pregătiți să accepte provocarea și să continue căutarea adevărului și a înțelegerii.

Este o alegorie care stimulează introspecția și reflexia, invitând pe cei curioși să pătrundă în profunzimea cunoașterii și a descoperirii personale.

PERETELE DE MIAZĂZI

În mod concret și sumar pe peretele de la Miazăzi se identifică:

- Semnul zodiacal al capricornului (în verde).

- O coasă și o clepsidră (în alb).

- Sub tăișul coasei este înscrisă, cu litere albe, fraza: *"Dacă ții la distincții umane, pleacă! Noi, aici, nu le cunoaștem"*.

- În partea de jos este pictat în verde un triunghi cu vârful în jos, tăiat de o linie orizontală (simbolul pământului).

În plus, pe acest perete este montată o oglindă acoperită cu o ușiță neagră, cu mâner aurit.

Dacă ţii la distincţiile umane,
PLEACĂ!
Noi nu le cunoaştem aici.

Când ușița este deschisă, în oglindă se reflectă scheletul uman de pe peretele opus.

Semnul zodiacal al capricornului, ilustrat într-o nuanță calmă de verde, conferă acestui design o atmosferă de stabilitate și determinare.

În centrul scenei, observăm două elemente cheie: o coasă și o clepsidră, ambele reprezentate în alb.

Aceste obiecte au semnificații importante în acest context.

Sub lama ascuțită a coasei este înscrisă cu litere albe o frază sugestivă: *"Dacă ții la distincții umane, pleacă! Noi, aici, nu le cunoaștem."* Această afirmație adaugă o notă de profunzime și reprezintă un mesaj puternic care subliniază că, în această lume, valorile umane obișnuite și distincțiile sociale nu au relevanță sau importanță.

În schimb, ceea ce contează aici este alt fel de înțelegere și descoperire.

În partea de jos a alegoriei se află un triunghi cu vârful în jos, tăiat de o linie orizontală, pictat în verde.

Este simbolul pământului, semnificând stabilitatea, fundamentul și legătura cu realitatea materială. Triunghiul tăiat sugerează că acest loc este un loc în care săpăm adânc în înțelegerea pământului și a fundamentelor vieții.

De-a lungul peretelui se găsește și o oglindă acoperită cu o ușiță neagră, având un mâner aurit. Această oglindă cu ușiță neagră adaugă un element intrigant la întregul ansamblu.

Atunci când ușița este deschisă, oglinda dezvăluie reflectarea scheletului uman de pe peretele opus, creând o imagine puternică și misterioasă.

În ansamblu, acest design complex și provocator evocă simbolismul semnului zodiacal al capricornului, adăugând elemente alchimice și de înțelegere profundă a existenței umane.

Mesajul *"Dacă ții la distincții umane, pleacă!"* ne amintește că aceasta este o căutare a înțelegerii mai profunde, care depășește aspectele superficiale și sociale ale vieții.

Este o alegorie care invită la explorare și introspecție, punând accent pe conexiunea cu fundamentul realității și aprofundarea în cunoașterea de sine.

MOBILIERUL ȘI OBIECTELE

În mod concret și sumar, în interiorul Cabinetului se mai identifică:

- pe peretele de Miazănoapte se găsește un felinar, sau o candelă cu ulei, ori o lumânare care va lumina încăperea.

Pe peretele de Miazănoapte, în colțul opus față de lumina naturală, găsim o sursă de lumină, fie un felinar, fie o candelă cu ulei sau o lumânare, care emite o lumină caldă și blândă pentru a ilumina încăperea.

Sursa de lumină are o semnificație profundă în contextul spațiului respectiv.

Lumina poate simboliza iluminarea interioară, înțelegerea și claritatea care pot fi dobândite în această încăpere specială. De asemenea, ea poate fi percepută ca un simbol al cunoașterii care este adusă în întunericul ignoranței sau al confuziei. Ea aduce o atmosferă de confort și siguranță în acest mediu, în timp ce oferă o cale pentru navigarea în interiorul încăperii.

Indiferent de tipul specific de sursă de lumină utilizată, ea servește ca un ghid pentru cei care pășesc în această încăpere, sugerând că, în cele mai întunecate și misterioase locuri, cunoașterea și înțelegerea pot lumina calea și pot oferi claritate. Este o ilustrare a căutării luminii în mijlocul umbrelor și un simbol al dorinței de a aduce înțelegere în întunericul necunoscut.

Lângă peretele de Miazăzi se găsește o măsuță dreptunghiulară, vopsită în negru.

Pe măsuță sunt așezate:

- un craniu și câteva oase umane;
- călimară cu cerneală și o pană de gâscă;
- un candelabru de fier cu o lumânare stinsă,
- trei boluri din teracotă sau lemn conținând sare, sulf și nisip;
- o cană cu apă de izvor;
- o bucată de pâine uscată.

Lângă măsuță se găsește un taburet, vopsit tot în negru.

Măsuța dreptunghiulară, vopsită în negru, reprezintă un element central al acestui mediu.

Pe măsuță, sunt aranjate diverse obiecte care poartă semnificații profunde:

- Un craniu și câteva oase umane; acestea reprezintă simboluri ale trecerii timpului și ale naturii efemere a vieții umane. Ele amintesc că în fața cunoașterii și înțelepciunii, toate diferențele și trăirile umane devin insignifiante.

- Călimară cu cerneală și o pană de gâscă: acestea sugerează scrierea și înregistrarea gândurilor și a cunoașterii. Scrierea este un act

de înregistrare și transmitere a înțelegerii, iar pana de gâscă poate simboliza instrumentul prin care se transmite învățătura.

- Un candelabru de fier cu o lumânare stinsă: acest candelabru poate simboliza posibilitatea de a avea acces la iluminare, dar lumânarea stinsă subliniază momentul de introspecție și tăcere în căutarea luminii și înțelegerii.

- Trei boluri din teracotă sau lemn conținând sare, sulf și nisip: aceste substanțe chimice

reprezintă elemente fundamentale ale alchimiei și pot avea semnificații multiple, cum ar fi purificarea, transformarea și înțelegerea profundă a materiei și a spiritului.

- O cană cu apă de izvor: apa reprezintă puritatea, iar izvorul simbolizează sursa cunoașterii.

- O bucată de pâine uscată: pâinea poate reprezenta hrana esențială a vieții și poate simboliza necesitatea învățării și a hrănirii spirituale.

Taburetul vopsit în negru aflat lângă măsuță sugerează că locul este pregătit pentru o experiență profundă de meditație, introspecție și căutare a cunoașterii.

În ansamblu, aceste obiecte și măsuța vopsită în negru formează o scenă simbolică și misterioasă care invită la explorarea în profunzime a înțelegerii și a cunoașterii personale.

Este un loc care amintește candidatului aflat singur în Cabinet că, în căutarea înțelepciunii, trebuie să treacă dincolo de aspectele superficiale ale vieții și să pătrundă în adâncurile cunoașterii.

LOJA ȘI TEMPLUL

A începe călătoria inițiatică este un proces complex, implicând două componente esențiale. Prima componentă este profund personală și se referă la individul care alege să se desprindă de superficialitatea vieții cotidiene și să devină un căutător perpetuu al Adevărului și al Luminii. Aceasta este o transformare interioară, o tranziție de la o existență obișnuită la o stare de conștiență elevată.

Pe de altă parte, există un aspect extern, crucial pentru evoluția inițiatului. Aceasta implică o introducere graduală și înțelegerea simbolurilor ezoterice, care permit trecerea de la percepția superficială, exoterică, la cea profundă, ezoterică. Această tranziție simbolică este esențială pentru întelegerea profundă a misterelelor vieții și universului.

Pentru a evita confuziile și pentru a progresa pe această cale spirituală, este esențial ca Ucenicul să învețe și să stăpânească terminologia specifică masoneriei. Cunoașterea și înțelegerea termenilor folosiți în ritualele masonice nu sunt doar o formalitate, ci o cheie care deschide porțile înțelegerii mai adânci a simbolurilor și semnificațiilor acestora. Această cunoaștere nu este doar teoretică, ci și practică, fiind esențială în călătoria inițiatică a ucenicului.

Nu trebuie să uităm că Masoneria, fiind un ordin inițiatic vechi și profund respectat la nivel mondial, se bazează pe tradiții și simboluri puternice. Acestea nu sunt doar ornamente ale unui sistem de credințe, ci reprezintă esența înțelepciunii masonice, fiind instrumente de transformare și iluminare.

Masoneria, cu caracterul său tradițional și simbolic, oferă un cadru în care căutătorii pot explora și înțelege misterele vieții, ghidați de simboluri și tradiții străvechi.

LOJA MASONICĂ

La o primă observație, termenul "Lojă" se referă la un grup de masoni oficial recunoscuți și activi, care s-au reunit sub o denumire specifică, precum "Loja ...".

Această denumire nu doar că identifică grupul, dar și îi conferă o identitate distinctă în cadrul comunității masonice mai largi.

Totuși, conceptul de Lojă masonică are o semnificație mai amplă și mai profundă. Într-un sens mai larg, Loja este, de asemenea, locul special amenajat în care masonii se întâlnesc pentru a derula Ritualurile și Ceremoniile specifice.

Aceste clădiri/camere sunt proiectate cu mare atenție și respectă un set specific de standarde în ceea ce privește dimensiunile și amplasarea unor elemete specifice obligatorii.

Pentru ficecare Ritual specific unui anumit Grad Simbolic încăperea în care se derulează Lucrările Lojii respective este structurată într-un mod care este atât funcțional, cât și simbolic, pentru a reflecta principiile și valorile masonice.

În aceste încăperi, mobilierul și obiectele sunt aranjate conform unor reguli precise, stabilite de ritualurile masonice. Aranjarea nu este arbitrară, ci fiecare element are un rol şi o semnificaţie specifică, care variază în funcţie de gradul lucrărilor desfăşurate. De exemplu, dispunerea scaunelor, luminile, simbolurile şi uneltele utilizate în ceremonii sunt toate aranjate într-un mod care să sprijine desfăşurarea ritualului şi să încurajeze reflecţia şi înţelegerea simbolurilor masonice.

Prin urmare, Loja masonică serveşte ca un spaţiu sacru, un sanctuar dedicat dezvoltării spirituale şi intelectuale a membrilor săi.

Este un loc unde tradiţia se întâlneşte cu simbolismul,

unde fiecare element al structurii și decorului contribuie la experiența inițiatică și la călătoria spirituală a fiecărui mason.

În acest sens, Loja transcende ideea unui simplu spațiu fizic sau a unei adunări de persoane, transformându-se într-un mediu profund simbolic și spiritual, esențial pentru practica masonică.

În interiorul acestui sanctuar, elementele de mobilier și obiectele ritualice nu au doar rol decorativ sau funcțional, ci fiecare posedă o semnificație profundă, contribuind la crearea unei atmosfere care favorizează meditația, introspecția și iluminarea spirituală. De la amplasarea coloanelor la configurația pavimentului, de la modul în care lumina se reflectă în încăpere la dispunerea simbolurilor, totul este gândit să sprijine parcursul inițiatic al masonilor.

Fiecare grad de inițiere și fiecare tip de lucrare masonică necesită o configurare specifică a Lojii, ceea ce demonstrează flexibilitatea și profunzimea simbolică a acestui spațiu. Aceste adaptări ajută la concentrarea atenției pe diferite aspecte ale învățăturii masonice, permițând membrilor să exploreze diversele straturi de înțeles ale tradiției lor.

În concluzie, Loja masonică este mult mai mult decât o simplă adunare sau un loc fizic.

Este un spațiu viu, respirând cu tradiții vechi și simbolism profund, o punte între lumea materială și cea spirituală, un laborator al transformării personale și un centru al comuniunii și creșterii spirituale pentru membrii săi.

Prin Lojă, masoneria își exprimă înțelepciunea ancestrală și își perpetuează tradițiile, fiind în mod simbolic, inima pulsând a vieții masonice.

LOJA UCENICULUI

Loja Ucenicului este structurată într-o manieră simbolică și profundă, împărțită în trei spații distincte, fiecare având un rol esențial în Ceremonia de Inițiere:

- Cabinetul de Reflecție
- Sala Pașilor Pierduți
- Templul

Această structurare nu este doar funcțională, ci și plină de semnificații simbolice, reflectând etapele călătoriei spirituale a unui Ucenic.

Ceremonia de Inițiere începe în Cabinetul de Reflecție, un loc destinat introspecției și autoevaluării. Acest spațiu este menit să provoace reflecția candidatului asupra propriei sale vieți, valorilor și aspirațiilor. În această cameră, în tăcere și izolare, candidatul are oportunitatea să se confrunte cu sinele său interior, să mediteze asupra semnificației vieții și a morții și să se pregătească mental și spiritual pentru călătoria sa inițiatică.

Următoarea etapă a ceremoniei are loc în Sala Pașilor Pierduți. Acest spațiu simbolizează trecerea și transformarea, marcând tranziția de la lumea profană la cea spirituală. Candidatul *"bate la Poarta Templului"* din această sală, un gest care reprezintă dorința și hotărârea de a intra în lumea masonică și de a accepta învățăturile și valorile sale.

Ceremonia se încheie în Templu, spațiul sacru unde inițierea este completată. Templul, cu semnificațiile sale profunde și decorul său plin de simboluri, reprezintă apogeul călătoriei spirituale a Ucenicului, locul unde acesta este primit oficial în frăția masonică.

Când se pune întrebarea: *"Unde ai fost făcut Francmason?"*, răspunsul corect ar fi: *"Într-o Lojă justă și perfectă"*, accentuând locul inițierii, nu persoanele implicate. Acest răspuns subliniază importanța spațiului sacru masonic și a procesului inițiatic, mai degrabă decât identitățile individuale ale celor prezenți.

Astfel, Loja Ucenicului, cu cele trei camere ale sale, nu este doar un set de locuri fizice, ci un parcurs simbolic, o călătorie de transformare spirituală și de creștere în înțelepciune și cunoaștere pentru fiecare Ucenic care pășește pe această cale inițiatică.

TEMPLUL

Templul, o componentă esențială a Lojii masonice, este conceput ca un spațiu dreptunghiular, ale cărui dimensiuni respectă ideal proporțiile Secțiunii de Aur.

Această alegere nu este întâmplătoare, ci

reflectă căutarea armoniei și echilibrului, principii fundamentale în masonerie. Secțiunea de Aur, cunoscută și sub numele de *"raportul divin"*, este un standard estetic care a fost apreciat și urmărit în arhitectură și artă de-a lungul istoriei, simbolizând perfecțiunea și frumusețea.

INTRAREA ÎN TEMPLU

Intrarea în Templu se face printr-o "poartă" amplasată simbolic la Occident. Această poziționare are semnificații profunde, Occidentul reprezentând adesea locul de început, punctul de intrare într-o călătorie spirituală sau inițiatică.

Prin trecerea de această poartă, membrii sunt simbolic separați de lumea exterioară și pășesc într-un spațiu sacru de contemplare și învățătură.

ORIENTUL

În partea opusă a Templului, la Orient, se află locul de onoare, simbolizând lumina, iluminarea și înțelepciunea.

Orientul, în tradițiile multor culturi, este asociat cu renașterea și începuturile noi, fiind și direcția de unde răsare soarele.

LATURILE TEMPLULUI

Latura din stânga Templului, privind dinspre poarta de intrare, este Miazănoapte, care reprezintă întunericul, necunoscutul și aspectele nevăzute ale existenței, în timp ce latura din dreapta se află la Miazăzi și este asociată cu lumina, cunoașterea și claritatea.

Această aranjare a punctelor cardinale în Templu creează un echilibru simbolic între diferitele aspecte ale vieții și cunoașterii.

PODEAUA TEMPLULUI

Podeaua Templului este în unele tipuri de Ritualuri Masonice realizată complet din pătrate albe și negre care alternează.

În Ritualurile de tip Scoțian Antic și Acceptat, pavajul mozaicat este reprezentat de o suprafață mai mică ce este dispusă în centrul sălii definită ca și Templu.

Realizarea pavajului în formă alternantă de pătrate albe și negre reprezintă dualitatea naturii umane și universale, fiind un mod de a se aminti permanent importanța echilibrului dintre bine și rău, lumină și întuneric.

Totodată acesta atrage atenția că în masonerie nu

există "gri", ci doar alb şi negru, respectiv în cadrul discuţiilor din Lojă sau în cazul unui vot, opţiunile sunt "pentru" sau "împotrivă", fiind evitate abţinerile care pot da naştere în timp la discuţii ce generează potenţiale poziţii opuse.

FIRUL CU PLUMB

Deasupra centrului Templului, marcat în Ritualul de tip Scoţian Antic şi Acceptat prin Pavajul Mozaicat, se atârnă de tavan un fir cu plumb.

Acesta marchează axa Zenit-Nadir, creând o legătură între cer şi pământ, spiritual şi material, divin şi uman.

Astfel, Templul masonic este un microcosmos simbolic, un spaţiu sacru unde fiecare element are o semnificaţie profundă şi unde membrii Lojii sunt îndemnaţi să reflecteze şi să mediteze asupra misterelor vieţii şi ale universului.

Prin arhitectura sa ideală şi prin simbolismul pe care îl încorporează, Templul serveşte ca un cadru esenţial pentru dezvoltarea spirituală şi morală a masonilor.

TAVANUL TEMPLULUI

Tavanul Templului masonic este o reprezentare vastă şi impresionantă a cosmosului, simbolizând infinitatea şi eternitatea evoluţiei spirituale.

Vopsit în nuanțe de albastru profund și presărat cu stele, tavanul evocă imaginea unei Bolte înstelate, un spectacol cosmic care inspiră la contemplație și reverie.

Tavanul Templuluinu este doar estetic, ci și profund simbolic, reamintind masonilor de imensitatea universului și de rolul lor modest, dar important, în marea ordine a lucrurilor.

COLOANELE ȘI SEMNELE ZODIACALE

Bolta înstelată este susținută de 12 coloane, aranjate simetric: 6 pe latura de Miazănoapte și 6 pe latura de Miazăzi a Templului.

Aceste coloane nu sunt doar elemente structurale, ci reprezintă și cele 12 semne ale zodiacului, fiecare coloană având asociat simbolul specific. Alinierea cosmică în Templul masonic reprezintă legătura între microcosmos (omul) și macrocosmos (universul), subliniind ideea că fiecare individ este o parte integrantă a unui întreg mai mare.

Semnele zodiacale sunt dispuse într-o ordine specifică, începând cu Berbecul plasat în stânga Orientului și continuând în succesiunea tradițională a zodiacului de-a lungul celor două laturi ale Templului, până la Pești, care se află în dreapta Orientului pe latura de Miazăzi. Această aranjare nu este aleatorie; ea reflectă ciclicitatea timpului și eternitatea, principii

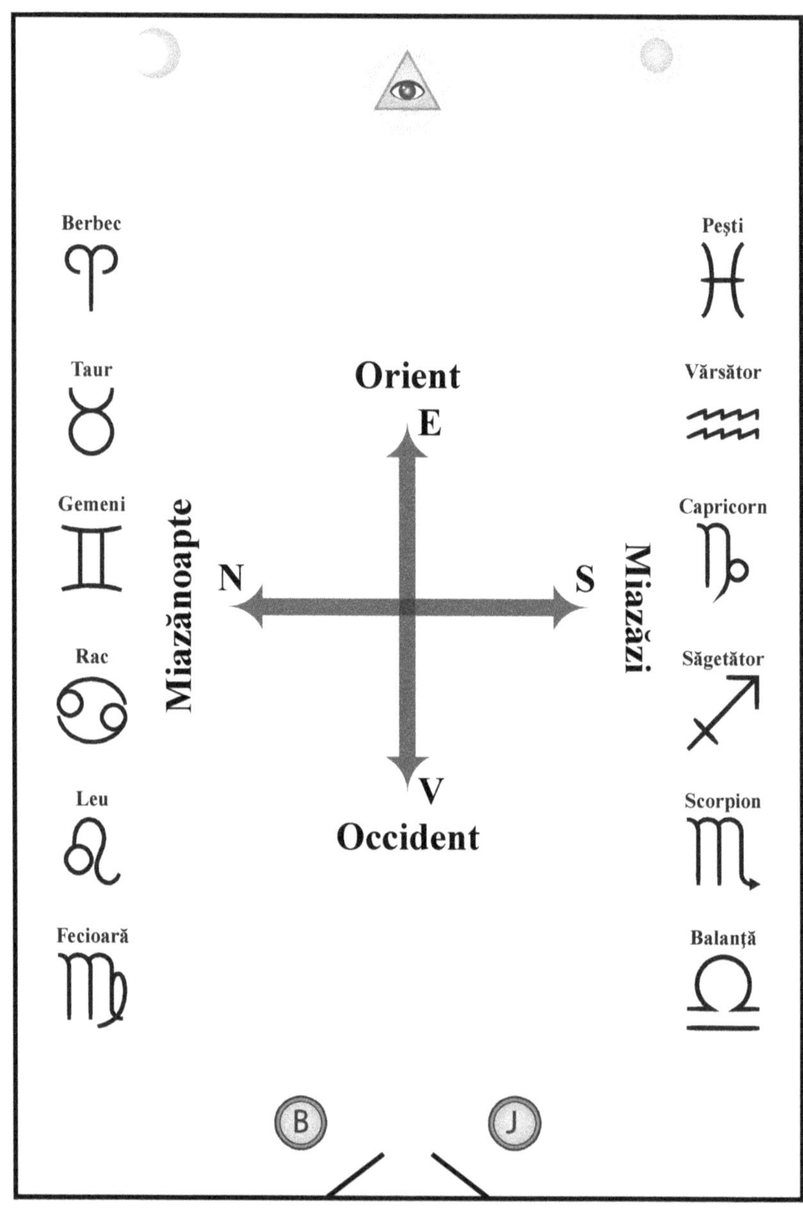
Berbec
Taur
Gemeni
Rac
Leu
Fecioară
Orient
E
N
S
Miazănoapte
Miazăzi
V
Occident
Peşti
Vărsător
Capricorn
Săgetător
Scorpion
Balanţă
B
J

fundamentale în învățăturile masonice.

Prin aceste simboluri astrologice, Templul masonic devine un loc cu o profundă semnificație inițiatică unde timpul și spațiul sunt interconectate, unde ciclurile naturii și cele umane sunt recunoscute și respectate.

În acest context, tavanul Templului devine o carte deschisă a cerului, invitând membrii să reflecteze asupra legilor universale și asupra propriului lor parcurs în marea călătorie a vieții.

Templul masonic nu este doar un loc de întâlnire sau de ritual, ci un sanctuar al înțelepciunii și al cunoașterii, unde fiecare element arhitectural și decorativ contribuie la călătoria spirituală și intelectuală a membrilor săi.

FERESTRELE

Pe pereții Templului masonic, pe latura de la Miazăzi și orientate spre Orient, Miazăzi și Occident, sunt amplasate trei ferestre zăbrelite, elemente care sunt prezentate și în Tabloul Lojii Ucenicului.

Aceste ferestre nu sunt doar elemente arhitecturale, ci și simboluri încărcate de semnificații. Ele reprezintă cele trei surse principale de lumină - spirituală, morală și intelectuală - care iluminează calea masonilor.

Fereastra orientată spre Orient simbolizeză lumina spirituală, Miazăziul reprezintă lumina morală, iar Occidentul, lumina intelectuală.

Această semnificație este asociată și parcursului în

Masonerie pe care îl realizează Ucenicul.

Acesta a intrat în Frăţie pe baza unei selecţii a unor calităţi ce ţin de sistemul de referinţă al vieţii profane. Apoi, în Lojă prin muncă asiduă se aliniază la principiile morale ale Frăţiei, urmând să se apropie si să se urce la Orient (atunci când Fraţii vor decide) unde va fi asociat cu completarea unui ciclu prin care a dobândit şi valorile spirituale ale Frăţiei.

Partea de Miazănoapte a Templului are o semnificaţie aparte, deoarece, în această direcţie, lumina Soarelui nu pătrunde direct, ci este reflectată doar de Lună. Acest aspect simbolizează stadiul iniţial al călătoriei Ucenicului în masonerie, unde acesta este încă în faza de introspecţie şi căutare interioară. În acest context, Miazănoapte reprezintă un teritoriu al necunoscutului, al întunericului interior care trebuie explorat pentru iluminare şi creştere personală.

Locul Ucenicilor în Templu este, prin urmare, în partea de Miazănoapte, unde sunt încurajaţi să coboare în adâncurile întunecate ale conştiinţei lor. Această călătorie simbolică în adâncurile propriei fiinţe este esenţială pentru a descoperi valorile autentice şi pentru a respinge pseudovalorile profane. Prin această introspecţie profundă şi sinceră, Ucenicii sunt îndrumaţi să găsească adevăruri mai profunde despre ei înşişi şi lume, dobândind astfel o mai mare înţelegere, siguranţă şi echilibru în viaţa lor.

Călătoria de autocunoaştere este crucială pentru dezvoltarea spirituală şi morală a Ucenicului. Este un proces de purificare şi de iluminare, în care fiecare

Ucenic învață să distingă între iluzie și realitate, între ceea ce este efemer și ceea ce este etern. Prin aceasta, Ucenicul se pregătește pentru etapele ulterioare ale călătoriei sale masonice, fiecare pas făcut în Templu fiind o treaptă spre maturitate spirituală și înțelepciune.

ABATERILE DE LA ORIZONTALĂ

Podeaua Templului masonic, în esența sa plană, prezintă totuși trei abateri de la orizontală, evidențiate prin prezența a trei platforme diferite.

Prezența cifrei 3 este un aspect care este omniprezent în tot ceea ce ține de simbolismul Gradului de Ucenic.

Aceste trei abateri de la orizontală sunt situate în zone cheie ale Templului:

- la Orient, unde se află masa și scaunul Maestrului Venerabil;
- la locul Primului Supraveghetor;
- la locul celui de Al Doilea Supraveghetor.

Fiecare dintre aceste platforme este accesibilă prin trepte:

- trei trepte pentru Orient;
- două pentru Primul Supraveghetor;
- o treaptă pentru Al Doilea Supraveghetor.

Această structurare are o semnificație profundă, simbolizând scara ierarhică a masoneriei simbolice:

Ucenic, Calfă și Maestru.

Treptele reprezintă nu doar gradele ierarhice, ci și etapele de dezvoltare personală și spirituală în masonerie, amintind că progresul se face pas cu pas, treaptă cu treaptă. Această imagine a scării este puternică, sugerând că evoluția spirituală și morală necesită timp, răbdare și efort susținut.

În plus, scara permite deplasarea în ambele sensuri - atât în sus, cât și în jos. Acest aspect subliniază ideea că, deși un mason poate atinge gradul de Maestru, urcând astfel pe cea mai înaltă treaptă, călătoria sa nu se oprește aici. Înțelegându-și adevărata menire, Maestrul este îndemnat să coboare înapoi pe scări, pentru a-și împărtăși cunoștințele și lumina dobândită cu ceilalți membri ai Lojii. Aceasta reprezintă un ciclu continuu de învățare, predare și dezvoltare reciprocă, accentuând importanța umilinței, a serviciului și a responsabilității față de comunitate.

Podeaua Templului, cu abaterile sale simbolice de la orizontală, devine un reprezentant vizual al călătoriei masonice, o metaforă pentru ascensiunea spirituală și pentru ciclul etern de învățare și predare. Amintește constant că procesul de evoluție și creștere personală și colectivă este esențial în viața fiecărui mason.

ELEMENTE DE MOBILIER

MASA MAESTRULUI VENERABIL

La capătul estic al Templului masonic, pe o platformă înălțată ce este accesibilă prin trei trepte, se află masa Maestrului Venerabil, poziționată central. Această poziție strategică simbolizează rolul și autoritatea Maestrului Venerabil în cadrul Lojii.

Pe laturile Orientului, spre Miazăzi și Miazănoapte, sunt amplasate mesele Oratorului și, respectiv, ale Secretarului, fiecare dintre aceste poziții fiind esențiale pentru buna funcționare a lucrărilor Lojii.

SCAUNELE DE LA ORIENT

În proximitatea scaunului Maestrului Venerabil, cunoscut și sub numele de Fotoliul (Tronul) Regelui Solomon, un simbol al înțelepciunii și al puterii de conducere, la Orient se găsesc și alte locuri importante.

Între Maestrul Venerabil și Orator sunt așezate scaunele destinate Maeștrilor Venerabili din Trecut, o recunoaștere a activității depuse și a experienței lor anterioare. Aceste scaune simbolizează respectul și onoarea acordate celor care au condus Loja în trecut, fiind un simbol al continuității și tradiției în masonerie.

Pe partea opusă, între Maestrul Venerabil și Secretar, sunt amplasate scaunele rezervate pentru Invitații de Marcă. Această așezare reflectă importanța ospitalității și a respectului față de vizitatori și demnitari externi, un aspect esențial în eticheta masonică.

PRIMUL SCAUN DIN DREAPTA MAESTRULUI VENERABIL

De o importanță deosebită este primul scaun din dreapta Maestrului Venerabil, care este menținut liber în permanență. Acest loc este destinat Marelui Maestru sau delegatului său oficial, atunci când participă la lucrările Lojii. Prin păstrarea acestui scaun neocupat, se subliniază respectul și recunoașterea autorității supreme în masonerie, chiar și în absența fizică a Marelui Maestru.

Tradiția simbolizează prezența constantă și influența Marelui Maestru asupra Lojii, reamintind membrilor de importanța supremației și unității în cadrul ordinului masonic.

În ansamblu, această așezare la Orient, cu platforma înălțată, mesele și scaunele aferente, nu doar că susține structura ierarhică și funcțională a Lojii, dar este și profund încărcată de simbolism.

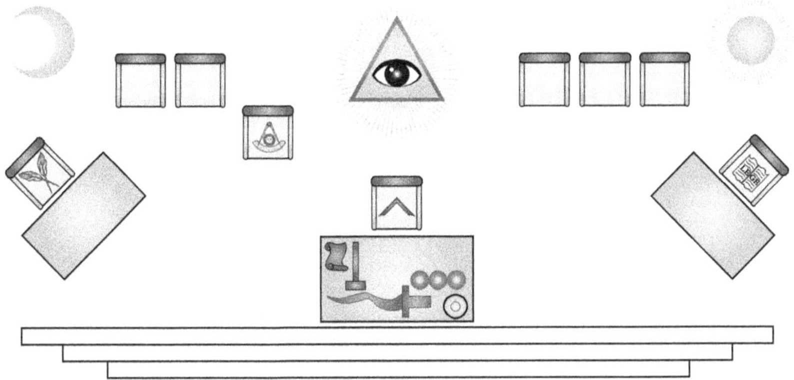

Fiecare element, pornind de la treptele platformei până la așezarea scaunelor, este gândit pentru a reflecta și susține principiile, tradițiile și valorile masoneriei.

Este un spațiu în care autoritatea, înțelepciunea și respectul sunt vizualizate și experimentate, prin poziționarea centrală în cadrul ritualurilor și întâlnirilor masonice, unde conducerea spirituală și administrativă a Lojii este manifestată și onorată.

MASA PRIMULUI SUPRAVEGHETOR

Masa și scaunul Primului Supraveghetor sunt așezate pe platforma prevăzută cu două trepte situată la Occident către latura de Miazănoapte a Templului.

Această platformă este accesibilă printr-un set de două trepte, semnificând rolul intermediar al Primului Supraveghetor în ierarhia masonică.

Amplasarea Primului Supraveghetor la Occident subliniază rolul său de supraveghere și conducere a Calfelor, oferindu-le orientare pe măsură ce intră și avansează în Lojă.

Poziția sa de la Occident, în apropierea intrării în Templu, simbolizează rolul de supraveghere și ghidare a celor care au dreptul să realizeze călătorii masonice, în mod suplimentar fată de cei care au atribuții specifice în acest sens. În plus, el poate urmări cu atenție pe cei care pleacă sau se întorc din călătorii.

MASA CELUI DE AL DOILEA SUPRAVEGHETOR

Pe de altă parte, masa și scaunul celui de Al Doilea Supraveghetor sunt poziționate pe o platformă cu o singură treaptă, localizată în centrul laturii de Miazăzi a Templului. Această așezare reprezintă poziția sa unică în structura Lojii, fiind responsabil cu supravegherea Ucenicilor.

În același timp, poziția celui de Al Doilea Supraveghetor la Miazăzi îl plasează în inima Templului, simbolizând legătura sa strânsă cu Ucenicii și rolul său în susținerea și îndrumarea lor în călătoria masonică.

Treapta unică simbolizează pasul inițial în ascensiunea masonică, reprezentând poziția Ucenicilor în ierarhia Lojii, aceștia fiind pe prima treaptă a parcursului masonic, care este reprezentată de primul grad Simbolic.

MESELE TREZORIERULUI ȘI ALE OSPITALIERULUI

La capetele laturilor de Miazăzi și Miazănoapte, spre Orient, sunt situate mesele și scaunele Trezorierului și, respectiv, ale Ospitalierului. Poziționarea acestora la baza Orientului, reprezintă două aspecte fundamentale ale vieții Lojii: gestionarea resurselor materiale și îngrijirea membrilor și a comunității. Aceste poziții sunt esențiale pentru funcționarea eficientă și organizarea Lojii.

Trezorierul, așezat spre Miazăzi, este responsabil cu gestionarea finanțelor Lojii, un rol ce necesită integritate și precizie.

Pe latura opusă, spre Miazănoapte, se află Ospitalierul, responsabil cu bunăstarea membrilor și cu activitățile caritabile ale Lojii.

POZIȚIONAREA EXPERTULUI

Lângă masa Ospitalierului, în dreapta acestuia, este plasat scaunul Expertului, un rol cheie în menținerea standardelor și practicilor masonice.

POZIȚIONAREA MAESTRULUI DE CEREMONII

Lângă masa Primului Supraveghetor, în dreapta acestuia, se află scaunul Maestrului de Ceremonii, o poziție esențială în coordonarea și desfășurarea ritualelor și ceremoniilor din cadrul Lojii.

POZIȚIONAREA ACOPERITORULUI

În dreapta intrării Templului, privind dinspre Occident spre Orient și lângă Coloana Jachin, se află scaunul Acoperitorului, responsabil cu paza și securitatea Lojii în timpul lucrărilor.

Pozitionarea acestuia lângă Coloana Jachin, este de asemenea semnificativă. Coloana Jachin, una dintre cele două coloane simbolice ale Templului lui Solomon, reprezintă stabilitatea și forța.

Prin plasarea Acoperitorului lângă această coloană, se subliniază rolul său în protejarea și păstrarea integrității Lojii.

Această așezare strategică a meselor și scaunelor oficialilor Lojii în Templu reflectă nu doar structura ierarhică și funcțională a Lojii, dar și valorile și principiile masoneriei, precum echilibrul, armonia și responsabilitatea.

Fiecare element al Templului, inclusiv aceste

dispuneri, joacă un rol vital în crearea unui mediu propice pentru desfășurarea ritualurilor, meditației și învățăturii masonice.

Astfel, Templul devine un spațiu unde ordinea, simetria și semnificația profundă se împletesc, creând o atmosferă de respect, solemnitate și dedicare pentru principiile masonice. Aceasta contribuie la experiența spirituală și simbolică a fiecărui membru al Lojii, reamintind constant de angajamentul fiecăruia față de căutarea adevărului, fraternitate și perfecțiune morală.

POZIȚIONAREA FRAȚILOR PE COLOANELE TEMPLULUI

În Templul masonic, poziționarea scaunelor de-a lungul a două laturi este esențială pentru organizarea și funcționarea Lojii. Pe latura de Miazănoapte, cu excepția primului rând, scaunele sunt destinate Ucenicilor, simbolizând etapa lor inițială în cadrul masoneriei și rolul lor de observatori și învățăcei. Acest aranjament permite Ucenicilor să participe la lucrări și să observe procedurile, fiind în același timp o punctare evidentă al locului lor în ierarhia și procesul de învățare al Lojii.

Pe latura de Miazăzi, în mod similar, scaunele, cu excepția celor din primul rând, sunt rezervate Calfelor. Această poziționare reflectă progresul lor în cadrul Lojii, fiind un pas înainte față de Ucenici și o etapă mai apropiată de gradul de Maestru. Această așezare le permite să fie mai implicați în activitățile Lojii și să se pregătească pentru responsabilitățile viitoare.

Primul rând de scaune de pe ambele laturi, Miazăzi și Miazănoapte, este rezervat Maeștrilor. Aceste locuri de onoare pot fi ocupate și de Maeștri Venerabili din Trecut, la dorința lor, precum și de Invitații cu grad de Maestru. Această dispunere subliniază respectul acordat experienței și înțelepciunii acumulate, oferind un loc proeminent celor care au atins acest grad înalt în masonerie.

Aranjarea scaunelor în Templul masonic nu este doar o chestiune de organizare spațială, ci are și o semnificație profundă. Fiecare poziție și orientare a scaunelor simbolizează un anumit aspect al călătoriei și evoluției spirituale în masonerie. Ucenicii, plasați în partea de Miazănoapte, sunt în faza de descoperire și învățare, în timp ce Calfelor, poziționați spre Miazăzi, li se reamintește de creșterea și dezvoltarea lor continuă spre iluminare. Maeștrii, amplasați în primul rând, reprezintă atingerea înțelepciunii și maturității spirituale.

În concluzie, dispunerea scaunelor în Templul masonic este un aspect cheie al simbolismului și funcționării Lojii. Această aranjare nu doar facilitează desfășurarea lucrărilor, ci și reprezintă vizual ierarhia masonică, procesul de învățare și evoluție spirituală, precum și rolurile și responsabilitățile fiecărui membru al Lojii.

OBIECTE SIMBOLICE

COLOANELE DE LA INTRAREA IN TEMPLU

În interiorul Templului masonic, flancând ambele laturi ale *"porții de intrare"*, se află cele două coloane semnificative: Boaz spre Miazănoapte și Jachin spre Miazăzi.

Ambele coloane sunt decorate cu trei rodii întredeschise pe capiteluri, un detaliu care adaugă un strat suplimentar de simbolism. Rodiile, adesea asociate cu abundența și înțelepciunea, accentuează însemnătatea acestor structuri.

Numele coloanei Boaz se traduce prin *"În forță"*, în timp ce Jachin înseamnă *"El consolidează"*. Aceste denumiri nu sunt alese la întâmplare, ci fiecare poartă un mesaj profund. Cu toate acestea, înțelesurile lor complete sunt revelate numai atunci când cele două coloane sunt interpretate împreună, ca un tot unitar. În această combinație, mesajul este unul de *"consolidare în forță"*, o idee puternică care se adresează atât individului, cât și întregii comunități masonice.

Simbolismul acestor coloane vorbește despre

necesitatea și obligativitatea fiecărui individ, dar și a grupului, de a-și consolida forțele, atât în sens fizic, cât și spiritual și moral. Când un membru sau un vizitator trece printre aceste coloane, este bine să își reamintească importanța echilibrului între puterea personală și consolidarea comunității.

Boaz și Jachin, prin poziționarea lor strategică și semnificația lor profundă, reprezintă un portal simbolic prin care membrii Lojii trec pentru a intra într-un spațiu sacru. Această trecere simbolizează tranziția de la lumea profană la cea spirituală, de la exterior la interior, şi de la individualitate la comunitate.

Cele două coloane nu sunt doar elemente arhitecturale ale Templului, ci sunt piloni spirituali şi simbolici ai călătoriei masonice, reprezentând principiile fundamentale ale forţei, stabilităţii şi creşterii comune. Prezenţa lor la intrarea în Templu subliniază datoria fiecărui mason de a căuta echilibru şi consolidare, atât în dezvoltarea personală, cât şi în contribuţia la binele şi progresul Lojii în particular şi Masoneriei în general.

Astfel, trecerea printre coloanele Boaz şi Jachin devine o experienţă plină de semnificaţii, un ritual simbolic de reînnoire şi reafirmare a angajamentului

fiecărui membru față de principiile și valorile masonice.

Acest act de trecere nu este doar un simplu gest fizic, ci și o reafirmare a angajamentului de a lucra pentru consolidarea propriei persoane și a comunității masonice, îmbinând forța și stabilitatea pentru a atinge echilibrul și armonia.

Boaz și Jachin, prin prezența lor dominantă la intrarea în Templu, devin simboluri ale căii masonice către iluminare și perfecțiune morală.

Evoluția semnificației și rolului coloanelor Jachin și Boaz în masonerie ilustrează modul în care simbolismul masonic s-a dezvoltat și s-a rafinat de-a lungul timpului.

Inițial, se folosește ca bază povestea din Manuscrisul Cook, care se păstrează din perioada masoneriei operative (1410-1450).

În acest manuscris se menționează că, anticipând distrugerea lumii prin foc și apă, oamenii au ascuns cunoștințele științifice și artistice în două coloane, care au fost ulterior redescoperite după Potopul lui Noe de către figuri de marcă ale istoriei ca Pitagora și Hermes Trismegistus.

Această legendă simbolizează nu doar supraviețuirea cunoașterii în timpurile grele, dar și transmiterea ei prin generații. Tradiția păstrării și transmiterii cunoașterii este un motiv pentru care, chiar înainte de apariția masoneriei speculative, practicanții științelor și artelor erau cunoscuți sub numele de *"Fii lui Noe"*.

Aluzia la *"Fiii lui Noe"* reflectă înțelegerea

supravieţuirii şi continuităţii cunoaşterii. Ulterior, aceste idei au fost încorporate şi reinterpretate în contextul masoneriei speculative, cu o nouă accentuare pe principii precum forţa şi stabilitatea.

În lucrarea *"The Grand Mystery of Free-Masons Discover'd"*, publicată la Londra în 1724, coloanelor Jachin şi Boaz li se atribuie semnificaţia de Forţă şi Stabilitate.

Această interpretare reflectă ideea că tradiţiile şi cunoaşterea sunt susţinute şi păstrate prin forţă şi stabilitate, concepte fundamentale în masonerie.

Până în 1730, introducerea acestor coloane şi a semnificaţiilor lor în ritualul masonic poate fi considerată completă, consolidându-se în formele şi înţelesurile pe care le cunoaştem astăzi.

Interesant de remarcat este faptul că termenul *"Fiii lui Noe"* din Manuscrisul Cook apare chiar şi în Constituţia Marii Loji Mamă a Angliei, ediţia din 1738, când se face referire la masonii operativi.

Prin adăugarea acestor straturi de semnificaţii şi tradiţii, masoneria a creat un cadru simbolic complex, care nu doar încurajează reflecţia asupra valorilor morale şi spirituale, dar şi menţine o legătură vie cu trecutul său istoric şi cultural.

Coloanele Jachin şi Boaz, astfel, nu reprezintă doar elemente arhitecturale sau decorativ-simbolice în Templul masonic, ci sunt piloni ai înţelepciunii şi cunoaşterii care străbat istoria şi tradiţiile, reamintind masonilor despre importanţa şi puterea cunoaşterii, a tradiţiei şi a transmiterii învăţăturilor prin timp.

FUNIA CU NODURILE DE DRAGOSTE

În Templul masonic, un element decorativ şi simbolic important este reprezentat de o funie de culoare roşie, care înconjoară trei dintre pereţi aproape de punctul comun al acestor cu bolta (tavanul) Templului. Această funie este împodobită cu 12 noduri numite *"de dragoste"*, fiecare având forma unui 8 culcat, simbolul infinitului. În punctul unde funia se întâlneşte cu cele două coloane, ea se termină cu ciucuri dantelaţi.

Şnurul roşu simbolizează limita dintre lumea profană şi spaţiul sacru al Templului, marcând tranziţia de la viaţa de zi cu zi la un loc de reflecţie şi spiritualitate.

Culoarea roșie a funiei poate fi interpretată ca un simbol al pasiunii, sacrificiului sau al curajului, toate aspecte importante în călătoria masonică.

Nodurile în forma de 8 culcat, care reprezintă infinitul, pot fi văzute ca simbolizând ciclicitatea și eternitatea vieții, dar și provocările și obstacolele pe care o persoană le întâlnește de-a lungul existenței sale. Fiecare nod reprezintă o provocare sau o lecție de învățat, iar poziționarea lor pe funie poate sugera că aceste experiențe sunt inevitabile și esențiale pentru creșterea și dezvoltarea personală.

Ciucurii dantelați la capetele funiei nu sunt doar elemente decorative, ci au și un rol simbolic de protecție. Ei pot fi interpretați ca un scut împotriva influențelor negative sau distructive care pot veni din lumea exterioară, menținând integritatea și puritatea spațiului sacru al Templului.

Această idee de protecție și izolare simbolică este esențială în masonerie, subliniind importanța menținerii unui mediu unde membrii pot să se concentreze pe creșterea spirituală și morală, feriți de distracțiile și provocările lumii exterioare.

În concluzie, prezența funiei roșii în Templul masonic nu este doar o chestiune de ornamentație, ci este încărcată cu semnificații profunde.

Funia reprezintă o demarcație între sacru și profan, o reamintire constantă a traseului spiritual al masonilor și a provocărilor pe care trebuie să le înfrunte și să le depășească.

Prin aceste simboluri, Templul devine un spațiu nu

doar de reflecţie şi meditaţie, ci şi unul de transformare şi protecţie, un sanctuar unde membrii pot urmări dezvoltarea personală şi spirituală într-un cadru care respectă şi promovează valorile şi tradiţiile masonice.

PAVAJUL MOZAICAT

În centrul Templului masonic, un element semnificativ este Pavajul mozaicat, o suprafaţă decorată într-un mod care nu doar atrage atenţia, dar şi poartă o semnificaţie profundă.

Dimensiunile acestui pavaj urmăresc proporţiile Secţiunii de Aur, un raport estetic şi matematic care a fost asociat de-a lungul istoriei cu armonia şi perfecţiunea. Acest raport este adesea văzut ca reprezentând echilibrul şi frumuseţea naturală, concepte esenţiale în masonerie.

Numărul de pătrate de pe fiecare latură a Pavajului Mozaicat respectă succesiunea din şirul lui Fibonacci (… 3, 5, 8, 13, 21, etc).

Seria Fibonacci este o secvență de numere în care fiecare termen este suma celor doi termeni anteriori, începând cu 0 și 1. Această serie este recunoscută pentru apariția sa în numeroase forme naturale, de la structura spiralelor până la modul în care cresc plantele.

Utilizarea acestui șir în realizarea Pavajului mozaicat simbolizează armonia naturală și ordinea universală, aspecte fundamentale în filosofia masonică.

Un aspect interesant de remarcat este cel legat de realizarea Pavajului în configurațiile pătratelor de pe laturi conform secvențelor 3/5, 13/21, 55/89. Numai în aceste situații se constată existența în toate cele patru colțuri a pătratelor de aceeași culoare.

În cazul de față, acestea sunt patru pătrate negre, caracteristică ce reprezintă nu doar o realizare estetică și matematică, ci și un simbol al consistenței și echilibrului.

Prin urmare, pavajul mozaicat din centrul Templului nu este doar un ornament, ci o expresie a înțelepciunii și armoniei universale.

Este un simbol al căii masonice spre echilibru, frumusețe și cunoaștere, o reamintire permanentă a legăturii dintre lumea naturală și cea spirituală, între ordinea cosmică și căutarea personală a fiecărui mason.

Pavajul mozaicat, un element reprezentativ în masonerie, a evoluat de-a lungul timpului, devenind un simbol important în practicile și ritualurile masonice.

Apariția în format grafic a acestui element a fost consemnată pentru prima dată în Franța, în a doua jumătate a secolului al XVIII-lea, inițial ca o caracteristică decorativă, iar mai apoi, la începutul secolului al XIX-lea, a devenit un obiect distinct de pardoseală în cadrul Lojilor masonice.

Scopul inițial al acestui pavaj era practic, fiind utilizat de Maestrul (Venerabil al) Lojii pentru a-și trasa planurile. Acest aspect funcțional ilustrează legătura dintre masoneria operativă, cu rădăcinile ei în meșteșugul construcțiilor fizice și masoneria speculativă, orientată către construcția simbolică și spirituală.

În anul 1727 este consemnat în manuscrisul Wilkinson că pavajul mozaicat este una dintre cele trei bijuterii ale Lojii.

Transformarea pavajului, utilizat inițial pentru trasarea planurilor Lojii, în două obiecte distincte - Tabloul Lojii și Pavajul mozaicat - a avut loc odată cu schimbările operate în practicarea ritualurilor.

Inițial, Tabloul Lojii era trasat direct pe pavaj în fiecare Ținută, dar mai târziu a fost înlocuit cu un tablou confecționat anterior, reutilizabil.

Această schimbare a făcut ca Pavajul mozaicat să devină un element permanent în Lojă, pierzându-și funcția practică inițială, dar câștigând o semnificație simbolică mai profundă.

Astfel, în timp, Pavajul mozaicat a devenit un simbol al dualității și al echilibrului între bine și rău, între lumina și întuneric, reflectând complexitatea naturii umane şi a universului. Acesta reprezintă armonia şi echilibrul, elemente esenţiale în călătoria spirituală a masonului. De asemenea, pavajul subliniază legătura între trecutul masoneriei operative, cu rădăcinile sale în construcţii şi arhitectură, şi masoneria speculativă, orientată spre construirea şi dezvoltarea spirituală şi morală.

Prin prezenţa sa constantă în Templul masonic, Pavajul mozaicat devine un element vizual simbolic al drumului pe care fiecare mason îl parcurge, un drum plin de provocări şi lecţii, dar şi de oportunităţi pentru creştere şi înţelegere.

În acest fel, pavajul nu este doar un element decorativ, ci o parte integrantă a călătoriei simbolice şi spirituale în masonerie, reamintind membrilor Lojii despre importanţa echilibrului şi armoniei în viaţa lor şi în lumea înconjurătoare.

STÂLPII DE LUMINĂ

În exteriorul Pavajului mozaicat, acest element central în Templul masonic, se află trei Stâlpi simbolizaţi sub formă de Colonete, fiecare cu o semnificaţie şi stil arhitectural distinct, corespunzând celor trei "lumini" ale Lojii (Maestrul Venerabil, Primul Supraveghetor şi Al Doilea Supraveghetor).

Aceşti Stâlpi sunt mai mult decât simple elemente de decor; ei sunt încărcaţi cu simbolism şi reflectă valorile şi principiile fundamentale ale masoneriei.

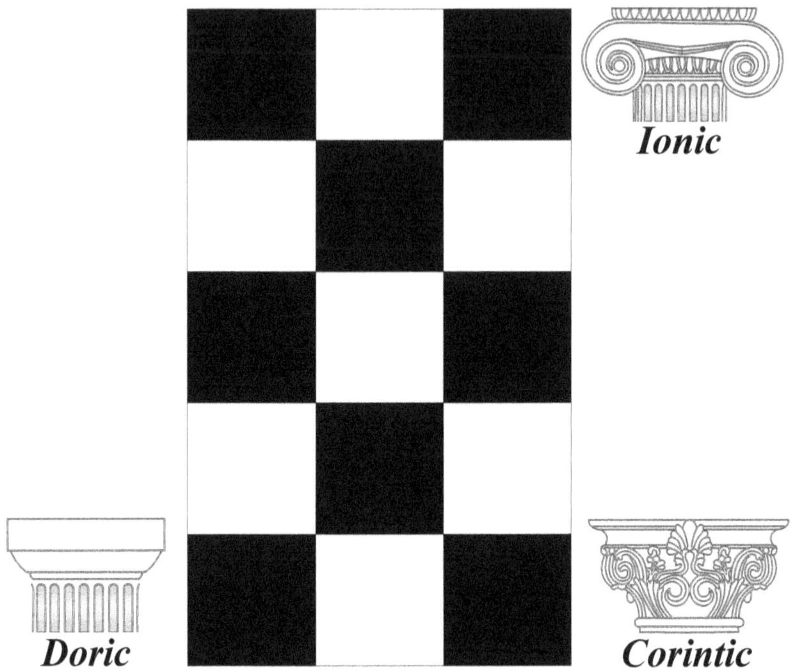

Primul Stâlp, realizat în stil ionic, simbolizează înțelepciunea.

Este asociat cu Maestrul Venerabil și este amplasat în colțul de sud-est al pavajului.

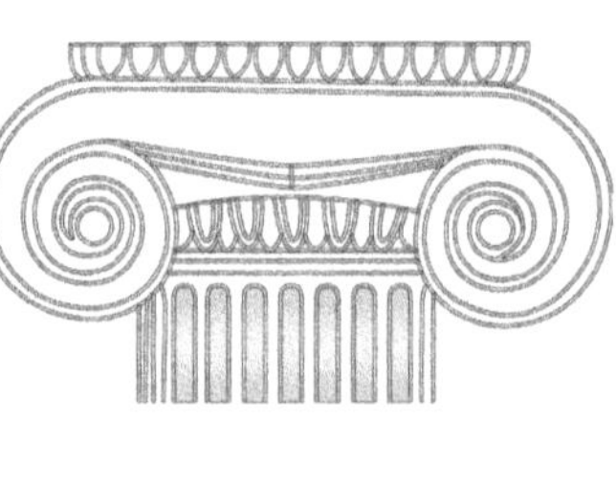

Stilul ionic, cunoscut pentru eleganța și proporțiile sale armonioase, este potrivit pentru a reprezenta înțelepciunea, o trăsătură cheie a liderului Lojii.

Aceasta subliniază rolul Maestrului Venerabil de a

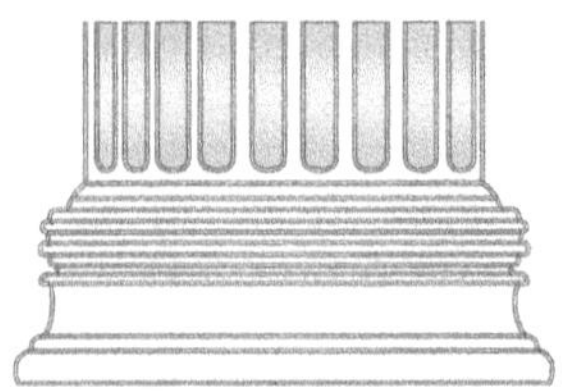

ghida şi lumina membrii Lojii cu cunoaşterea, judecata echilibrată şi experienţa sa.

Al doilea Stâlp, construit în stil doric, reprezintă forţa.

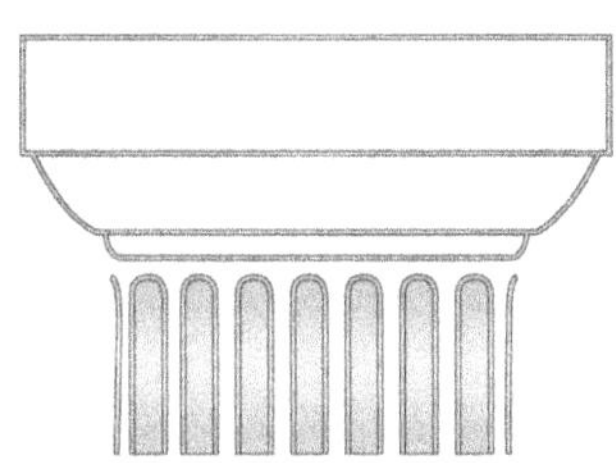

Este asociat cu Primul Supraveghetor şi este amplasat în colţul nord-vestic al pavajului.

Stilul doric, cunoscut pentru simplitatea şi robusteţea sa, simbolizează forţa şi stabilitatea, calităţi esenţiale pentru rolul de supraveghere şi susţinere a Calfelor în Lojă.

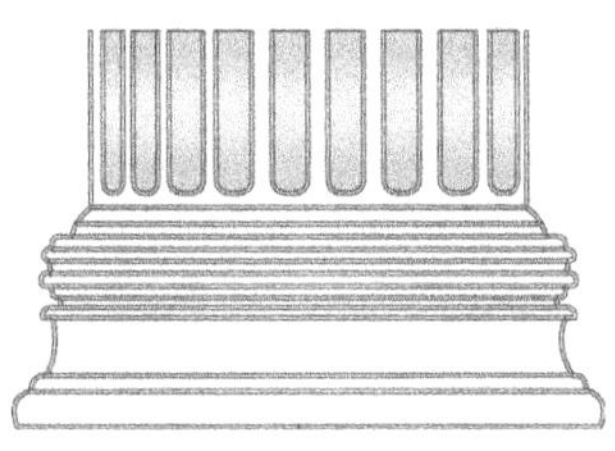

Al treilea Stâlp, construit în stil corintic, reprezintă frumuseţea.

Este asociat cu Al Doilea Supraveghetor şi este situat în colţul sud-vestic al pavajului.

Stilul corintic, cel mai ornamentat dintre ordinele arhitecturale clasice, reprezintă frumuseţea şi splendoarea, reflectând rolul celui de-Al Doilea Supraveghetor în îndrumarea şi educaţia Ucenicilor.

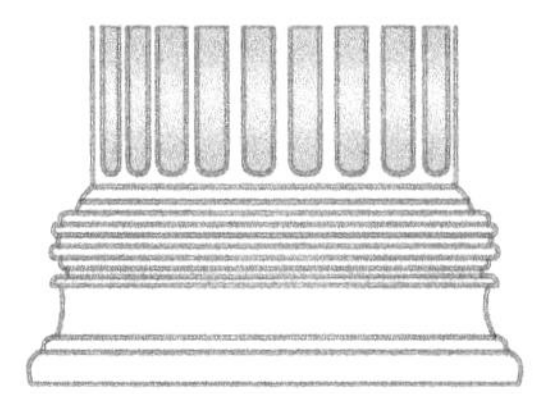

Prin amplasarea acestor

stâlpi în jurul Pavajului mozaicat, se creează o legătură simbolică între spațiul central al Templului și structura ierarhică și funcțională a Lojii. Fiecare stâlp nu doar că marchează un colț al pavajului, dar și reprezintă o coloană de susținere a valorilor masonice: înțelepciunea, forța și frumusețea.

Acestea sunt considerate a fi fundamentele pe care se construiește și se menține viața masonică, atât în cadrul individual al fiecărui membru, cât și în comunitatea masonică în ansamblu.

Astfel, stâlpii nu sunt doar elemente arhitecturale sau decorative, ci reprezintă pilonii valorilor masonice - înțelepciunea, forța și frumusețea - simboluri puternice ale principiilor masonice, ghidând membrii în căutarea lor pentru echilibru, armonie și perfecțiune morală.

TABLOUL LOJII UCENICULUI

Pe Pavajul mozaicat din Templul masonic, se regăsește un element foarte important atât în simbolistica masonică, cât și în ceea ce privește derularea ritualului, respectiv Tabloul Lojii Ucenicului.

Acest tablou joacă un rol crucial în ritualurile și învățăturile masonice, oferind o reprezentare vizuală a simbolurilor și principiilor masonice, în special pentru gradul de Ucenic.

Tabloul poate fi creat în două moduri:

- este trasat direct pe Pavajul Mozaicat de către Expert;
- este un tablou tipărit, care este pur și simplu întors pentru a fi vizibil.

Atunci când este trasat, Expertul folosește diferite unelte și simboluri pentru a desena elementele esențiale ale tabloului, procesul în sine fiind un act simbolic care subliniază importanța înțelepciunii și a măiestriei în masonerie.

În ritualul de tip scoțian, momentul trasării Tabloului Lojii Ucenicului este unul dintre cele mai semnificative și sacre aspecte ale ceremoniei. Acest proces este întotdeauna realizat de către Fratele Expert, datorită importanței și complexității sale.

Trasarea Tabloului nu este doar un act de desenare, ci un proces ritualic profund, în care se creează Spațiul Sacru al Lojii.

În timp ce Fratele Expert trasează Tabloul, toți Frații asistă în liniște, observând cu atenție și respect formarea simbolurilor și elementelor rituale ale gradului de Ucenic. Momentul este considerat de maximă importanță, deoarece reprezintă crearea spațiului sacru prin Verbul Creator.

În acest context, tabloul nu este doar o reprezentare grafică, ci o manifestare simbolică a cunoștințelor și principiilor masonice, un microcosmos al Lojii și al universului masonic.

De obicei, se folosește o placă neagră (tablă de trasat) pe care se desenează cu cretă albă. Contrastul dintre negru şi alb simbolizează dualitatea şi armonia, precum şi tranziţia de la ignoranţă la cunoaştere, de la întuneric la lumină.

Este important de menţionat că Tabloul Lojii Ucenicului nu va fi niciodată trasat de către Ucenici sau Calfe.

Această restricţie se datorează faptului că aceşti membri nu deţin încă toate cunoştinţele şi înţelegerea necesare pentru a realiza acest act ritualic.

Rolul de a trasa Tabloul este rezervat Fratelui Expert, care are experienţa şi cunoaşterea necesară pentru a realiza acest proces cu respectul şi precizia cuvenite.

În concluzie, trasarea Tabloului Lojii Ucenicului în ritualul de tip scoţian este un moment plin de simbolism şi sacralitate, o parte integrantă a ceremoniei care subliniază importanţa spaţiului sacru şi a cunoaşterii în masonerie.

Acesta este un act de creaţie şi reprezentare simbolică a universului masonic, un moment esenţial în ritualul Lojii, care implică respect, concentrare şi tăcere din partea tuturor membrilor prezenţi.

În cazul unui tablou tipărit, acesta este plasat pe pavaj şi întors astfel încât să fie vizibil tuturor membrilor Lojii.

La finalul lucrărilor Lojii, este responsabilitatea Expertului să "şteargă" sau să întoarcă Tabloul, astfel încât să nu mai fie vizibil.

Acest act simbolizează trecerea de la activităţile Lojii la viaţa obişnuită, marcând tranziţia de la spaţiul sacru și ritualurile masonice la lumea profană.

De asemenea, acest gest are rolul de a păstra confidențialitatea și sacralitatea simbolurilor și învățăturilor masonice, acestea fiind destinate exclusiv membrilor Lojii.

Prin urmare, Tabloul Lojii Ucenicului nu este doar un instrument didactic, ci și o reprezentare simbolică a călătoriei inițiatice și a dezvoltării spirituale în masonerie.

Fiecare element al tabloului are o semnificație profundă, contribuind la educația și creșterea Ucenicului în cadrul Lojii, iar modul în care este tratat acest tablou - fie trasat, fie întors și apoi șters sau reascuns - reflectă respectul față de tradițiile și secretele masonice.

ALTARUL JURĂMINTELOR

La capătul estic al Templului masonic, la baza Orientului, se găsește un alt element semnificativ: Altarul Jurămintelor.

Acest altar nu este doar un element fizic în Templu, ci și un loc profund simbolic, reprezentând angajamentul și fidelitatea față de principiile și valorile masonice.

CELE TREI MARI LUMINI

Pe Altarul Jurămintelor se află cele Trei Mari Lumini ale francmasoneriei, fiecare cu semnificația sa profundă.

Prima dintre acestea este Cartea Legii Sacre, care este deschisă la prima pagină a Evangheliei după Ioan. Această carte reprezintă ghidul spiritual și moral al masonilor și este deschisă la acest pasaj specific pentru a sublinia începutul călătoriei spirituale și căutarea luminii și adevărului.

Alături de Cartea Legii Sacre se află Compasul și Echerul, două unelte care simbolizează principii fundamentale în masonerie.

Compasul, cu brațele deschise, reprezintă limitele morale și spirituale pe care fiecare mason ar trebui să le respecte în viața sa. Brațele deschise ale Compasului

subliniază importanța cunoașterii de sine și a respectării propriilor limite etice.

Echerul, plasat astfel încât brațele sale să fie deasupra brațelor Compasului în Loja Ucenicului, simbolizează dreptatea și corectitudinea. Poziția Echerului deasupra Compasului sugerează că dreptatea și corectitudinea trebuie să fie principiile dominante în viața unui Ucenic, ghidându-l în toate acțiunile și deciziile sale.

Prin urmare, Altarul Jurămintelor și cele Trei Mari Lumini ale francmasoneriei sunt vitale în simbolismul și practica masonică. Ele reprezintă fundamentul spiritual, moral și etic pe care fiecare mason își construiește călătoria și sunt o adevarată piatră de hotar a angajamentului față de principiile și valorile masonice.

În Loja Ucenicului, Cele Trei Mari Lumini sunt esențiale și marchează începutul călătoriei inițiatice, punând bazele pentru dezvoltarea spirituală și morală a fiecărui membru al Lojii.

INSTRUMENTELE ȘI UNELTELE SIMBOLICE

În jurul Altarului Jurămintelor, în Templul masonic, se află o serie de elemente simbolice importante: Instrumentele și Uneltele simbolice, precum și Bijuteriile imobile, care includ Piatra Brută și Piatra Cubică. Aceste obiecte sunt plasate strategic pentru a sublinia și a susține semnificațiile lor în cadrul ritualurilor și învățăturilor masonice.

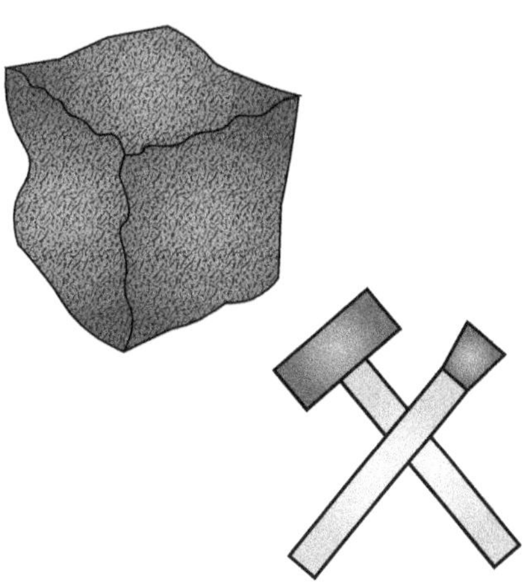

Pe latura de Miazănoapte a Templului, care este asociată cu Ucenicii, se amplasează uneltele specifice acestora: *Ciocanul* și *Dalta*.

Ciocanul simbolizează forța și determinarea necesare pentru a modela caracterul și viața personală, în timp ce *Dalta* reprezintă precizia și atenția la detalii în procesul de dezvoltare personală și spirituală.

Aceste unelte îi ajută pe Ucenici să lucreze asupra Pietrei Brute, simbol al stării lor neelaborate și al potențialului de creștere și perfecționare.

Pe prima treaptă de la baza Orientului este amplasată Piatra Brută. Aceasta simbolizează starea nefinisată a Ucenicului, un bloc neșlefuit de cunoaștere și virtute care trebuie modelat și perfecționat. Piatra Brută este un simbol al procesului inițial de dezvoltare și transformare în masonerie.

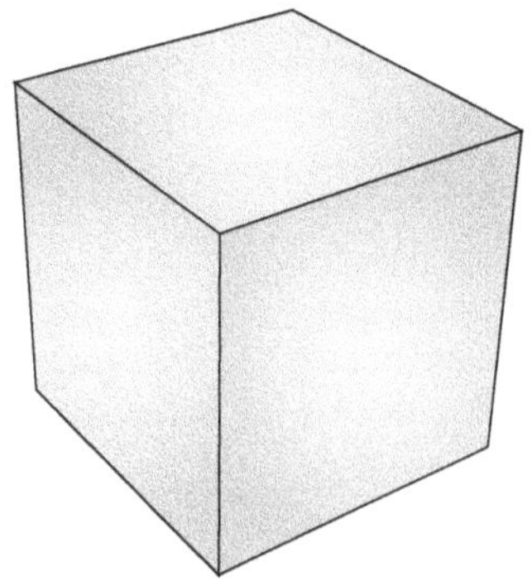

Pe latura de Miazăzi, dedicată Calfelor, și pe cea de-a doua treaptă, se găsește Piatra Cubică. Această piatră simbolizează starea de maturitate și perfecțiune morală și spirituală la care aspiră fiecare mason. Piatra Cubică este un simbol al realizării și rafinamentului, reprezentând transformarea de la starea brută la una de armonie și echilibru. Aceasta reflectă progresul și evoluția Calafelor spre un nivel superior de înțelepciune și virtute.

Prin amplasarea acestor simboluri în jurul Altarului Jurămintelor, Templul masonic creează un mediu în care fiecare obiect are o semnificație profundă și este parte a procesului educativ și spiritual al membrilor săi.

Uneltele Ucenicilor - Ciocanul și Dalta - reprezintă munca și efortul necesar în procesul de autoperfecționare, în timp ce Piatra Brută și Piatra Cubică simbolizează progresul și transformarea pe parcursul călătoriei masonice.

Astfel, aceste instrumente, unelte și bijuterii imobile sunt mai mult decât simple obiecte; ele sunt reprezentări vizuale ale călătoriei masonice, de la inițiere și până la atingerea maturității și echilibrului.

Ele reamintesc membrilor Lojii despre angajamentul lor de a lucra neîncetat pentru îmbunătățirea personală, morală și spirituală, urmând calea stabilită de principiile și valorile masonice.

DELTA LUMINOS

Pe peretele de la Orient al Templului masonic, situat în centru, chiar deasupra scaunului Maestrului Venerabil, se găsește un simbol distinctiv și profund: Delta Luminos, în care este încadrat Ochiul Atotvăzător sau Ochiul Divin.

Acest simbol ocupă un loc proeminent în Templu, subliniind importanța și sacralitatea acestuia în cadrul Lojii.

Delta Luminos este un simbol masonic specific, care nu are legături directe cu alte reprezentări ale unui ochi, cum ar fi Ochiul lui Horus din mitologia Egiptului Antic sau ideea unui al treilea ochi imaginar, comun în culturile și religiile sud-americane sau asiatice.

Delta Luminos a fost integrat în simbolistica masonică după apariția masoneriei simbolice, adoptând și dezvoltând semnificații din simboluri care erau deja larg răspândite și recunoscute în Europa Occidentală în perioada secolelor XVII-XVIII.

Acestea includ Ochiul Divin creștin, interpretat ca simbol al supravegherii divine și omniprezenței lui

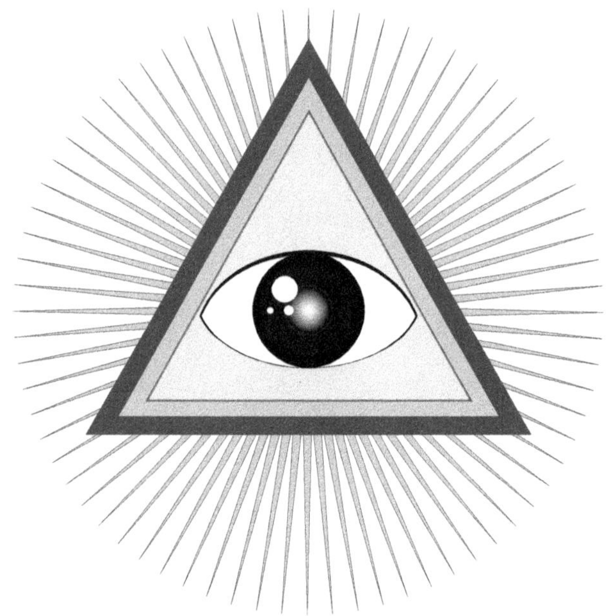

Dumnezeu, Ochiul din cer al alchimiștilor, care reprezenta cunoașterea și iluminarea, și Ochiul Providențial, simbolizând protecția și ghidarea divină.

În contextul masonic, Delta Luminos cu Ochiul Atotvăzător în centrul său simbolizează iluminarea spirituală, cunoașterea supremă și prezența constantă a divinității. Reprezintă supravegherea divină și judecata morală universală, subliniind importanța integrității și adevărului. De asemenea, reprezintă căutarea luminii și a cunoașterii, un obiectiv central în călătoria fiecărui mason.

Plasarea simbolului Delta Luminos deasupra Maestrului Venerabil este, de asemenea, semnificativă. Aceasta indică rolul Maestrului Venerabil ca fiind cel al unui ghid și lider spiritual al Lojii, subliniind responsabilitatea sa de a conduce membrii pe calea înțelepciunii și virtuții. Ochiul Atotvăzător reamintește tuturor membrilor Lojii de prezența constantă a unui standard moral și etic înalt, precum și de importanța transparenței și sincerității în toate acțiunile lor.

Prin urmare, Delta Luminos cu Ochiul Divin este mai mult decât un simplu ornament; este un simbol al călătoriei spirituale în masonerie, al căutării adevărului și iluminării, și al prezenței constante a principiilor etice și morale în viața masonică.

Acesta stă ca un punct central de focalizare în Templu, amintind membrilor de angajamentul lor față de principiile masonice și de căutarea neîncetată a luminii spirituale și a înțelepciunii.

SOARELE ȘI LUNA

Pe peretele de la Orient al Templului masonic există alte două simboluri importante amplasate strategic: Soarele și Luna.

Aceste simboluri sunt poziționate deasupra Oratorului și, respectiv, a Secretarului, fiecare având legături simbolice cu coloanele Jachin și Boaz și cu rolurile Calfelor și Ucenicilor.

Deasupra Oratorului se află simbolul Soarelui, poziționat pe axa cu coloana Jachin, asociată cu Calfele.

Soarele, în acest context, simbolizează lumina cunoașterii, claritatea și rațiunea. Este o reprezentare a iluminării şi înţelepciunii, elemente esenţiale în dezvoltarea Calfelor în cadrul Lojii.

Pe de altă parte, deasupra Secretarului se află simbolul Lunii în fază de creştere, plasat pe axa coloanei Boaz, asociată cu Ucenicii.

Luna, aflată într-o fază de creştere, simbolizează imaginaţia, intuiţia şi posibilitatea transformării. Este o metaforă pentru călătoria iniţială a Ucenicilor, care sunt încă în procesul de creştere şi dezvoltare spirituală şi morală.

Pe axa Nord-Sud, aceste două simboluri cosmice - Soarele şi Luna - împreună reprezintă un echilibru între raţiune şi imaginaţie.

Maestrul Venerabil, aflat între aceste două simboluri şi sub controlul Ochiului Atotvăzător din Delta Luminos, simbolizează conexiunea şi echilibrul între aceste două forţe. El reprezintă înţelepciunea care uneşte şi armonizează aceste două aspecte, raţiunea şi imaginaţia, ghidând membrii Lojii în căutarea lor de a atinge un nivel superior de cunoaştere şi înţelegere.

Prin urmare, dispunerea acestor simboluri pe peretele de la Orient nu este doar estetică, ci reflectă profunzimea simbolismului masonic. Soarele și Luna, împreună cu Delta Luminos și Ochiul Atotvăzător, creează un ansamblu simbolic care subliniază importanța echilibrului între diferitele aspecte ale cunoașterii și existenței.

Ele reamintesc membrilor Lojii despre importanța de a echilibra rațiunea și imaginația în căutarea lor de a trăi o viață virtuoasă și împlinită, sub supravegherea atentă și ghidarea simbolică a principiilor masonice superioare.

Acest ansamblu de simboluri servește ca un punct de referință constant pentru membrii Lojii în parcursul lor pe plan spiritual și moral.

FOCUL SACRU

Pe masa Maestrului Venerabil, în Templul masonic, se găsește un element deosebit de semnificativ: o lumânare aprinsă cunoscută sub numele de Focul Sacru.

Această lumânare nu este doar o sursă de lumină, ci și un simbol al iluminării spirituale și al prezenței constante a luminii în masonerie.

Focul Sacru este folosit exclusiv de către Maestrul de Ceremonii pentru a aprinde propria sa lumânare, care este apoi utilizată pentru a aprinde lumânările

sfeșnicelor utilizate în Ritual.

Este important de menționat că, în practica masonică, nu se folosesc chibrituri sau brichete pentru aprinderea lumânărilor.

Aceasta subliniază respectul pentru tradiția și simbolismul masonic, precum și pentru sacralitatea Focului Sacru.

SFEŞNICELE

Pe lângă sfeşnicul cu trei braţe de pe masa Maestrului Venerabil, există alte două sfeşnice importante în Templu: unul cu două braţe pe masa Primului Supraveghetor şi un altul cu un singur braţ pe masa celui de Al Doilea Supraveghetor.

Deşi aceste sfeşnice nu sunt elemente rituale simbolice în sine, ele joacă un rol esenţial în Lojă. Pe lângă funcţia lor practică de a oferi lumina necesară pentru citire, ele sunt, de asemenea, folosite pentru a transporta lumina şi a aprinde lumânările de pe cei trei Stâlpi.

Astfel, utilizarea lumânărilor şi a sfeşnicilor în Templul masonic nu este doar o chestiune de estetică sau de iluminat spaţiul; este un aspect al practicii masonice care reprezintă respectul pentru tradiţie, pentru simbolism şi pentru sacralitatea luminii.

Focul Sacru şi modul în care este folosit pentru a aprinde celelalte lumânări subliniază importanţa luminii ca simbol al cunoaşterii, iluminării şi călăuzirii spirituale. Această practică simbolizează şi răspândirea luminii şi a cunoaşterii de la conducătorii Lojii - Maestrul Venerabil şi Supraveghetorii - către restul membrilor, ilustrând ideea de transmitere a înţelepciunii şi iluminării în cadrul comunităţii

104

masonice.

În concluzie, prezența și utilizarea lumânărilor și a sfeșnicilor în Templul masonic reflectă un aspect profund al tradiției și simbolismului masonic, subliniind rolul luminii ca ghid spiritual și simbol al cunoașterii și înțelepciunii.

Aceste elemente contribuie la crearea unei atmosfere de reverență și sacralitate, esențiale pentru experiența ritualului masonic.

APRINDEREA ȘI STINGEREA LUMÂNĂRILOR

În practica masonică, modul în care sunt stinse lumânările este de mare importanță și este guvernat de reguli și de un simbolism specific. Lumânările din Templul masonic sunt stinse folosind o mucarniță sau, alternativ, prin utilizarea ciocanelor Maestrului Venerabil, Primului și celui de Al Doilea Supraveghetor, sau a Mistriei. Nu este permis să se sufle în lumânare pentru a o stinge. Aceasta are o semnificație simbolică profundă, legată de principiile și valorile masonice.

Una dintre explicațiile potențiale pentru această practică este legată de respectarea elementelor primare care sunt parte integrantă a Inițierii masonice specifice gradului de Ucenic.

În acest context, închiderea Lucrărilor Lojii și stingerea lumânărilor trebuie să respecte principiile de echilibru şi armonie. În Templu, în timpul Ţinutei în grad de Ucenic, elementele - pământ, apă, aer şi foc - sunt considerate a fi într-un echilibru perfect în cadrul Ritualului.

Utilizarea aerului (suflatul) pentru a stinge focul (lumânarea) ar reprezenta o încălcare a acestui echilibru perfect. În masonerie, fiecare element are rolul şi locul său, iar acţiunile efectuate în Templu sunt menite să respecte şi să reflecte acest echilibru.

Prin urmare, stinsul lumânărilor într-un mod care respectă aceste principii simbolizează respectul faţă

de ordinea naturală și armonia universală.

Astfel, practica de a stinge lumânările cu o mucarniță sau cu ciocanele și mistria reprezintă nu doar o metodă practică, ci și un act simbolic care reflectă respectul pentru principiile masonice de echilibru, armonie și respect pentru natură și elementele sale.

Aceasta subliniază și importanța acțiunilor deliberate și a gândirii atente în toate aspectele vieții masonice.

CIOCANELE

Pe mesele Maestrului Venerabil și ale celor doi Supraveghetori din Templul masonic se găsește câte un ciocan, un obiect cu o semnificație specială în ritualurile masonice.

Acest ciocan nu este un instrument de lucru obișnuit, ci este mai degrabă asemănător cu ciocanul folosit de judecători.

Utilizarea ciocanului în Lojă simbolizează preluarea puterii și, totodată, a responsabilităților.

Când Maestrul Venerabil sau Supraveghetorii folosesc ciocanul, acest lucru indică autoritatea şi controlul lor asupra procedurilor şi activităţilor din cadrul Lojii.

PATENTA

Pe lângă ciocan, pe masa Maestrului Venerabil se află şi Patenta de Constituire a Lojii, un document oficial emis de către Marea Lojă. Această patentă este un simbol al legitimităţii şi autorităţii Lojii, demonstrând apartenenţa şi recunoaşterea sa de către o structură masonică mai largă. Patenta este aşezată astfel încât să fie vizibilă pentru toţi Fraţii din Lojă, reprezentând transparenţa şi deschiderea în activităţile Lojii.

CONSTITUŢIA MASONICĂ

În apropierea poziţiei Oratorului se găsesc Constituţia Masonică şi setul de documente legislative în vigoare ale Marii Loji, precum şi Regulamentul Intern al Lojii. Aceste documente constituie fundaţia legală şi regulamentară pe care funcţionează Loja, asigurând că toate activităţile şi deciziile sunt efectuate în conformitate cu principiile şi normele stabilite. Acestea sunt esenţiale pentru menţinerea ordinii şi coerenţei în cadrul Lojii, oferind un cadru de referinţă pentru activitățile și procedurile masonice.

Prin urmare, prezența ciocanului, a Patentei de Constituire și a documentelor regulamentare pe mesele oficialilor Lojii nu este doar o chestiune de protocol, ci reflectă structura, autoritatea și principiile care guvernează Loja masonică. Aceste elemente subliniază importanța ordinii, disciplinei și respectului față de tradițiile și regulile masonice, asigurând buna funcționare și integritatea Lojii.

SPADELE

În Loja masonică, prezența și utilizarea spadelor are o semnificație importantă și este parte integrantă a ritualurilor și ceremoniilor. În total, sunt prezente opt spade în Lojă, fiecare cu un rol specific și o semnificație simbolică.

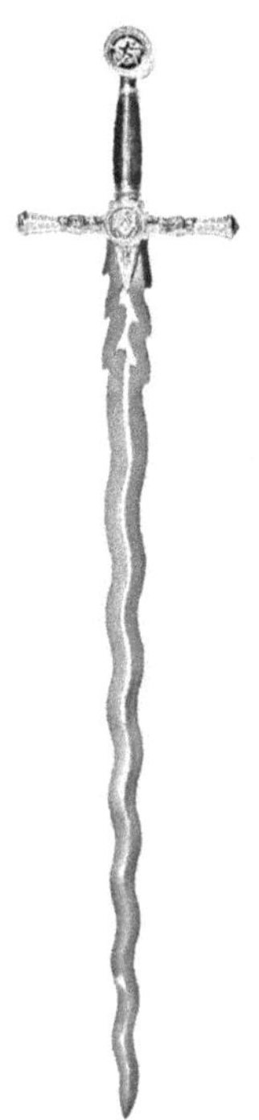

Una dintre aceste spade este specială și se numește Spada Înflăcărată, având lama șerpuită. Aceasta este plasată pe masa Maestrului Venerabil și este la dispoziția sa.

Spada Înflăcărată simbolizează autoritatea și puterea Maestrului Venerabil, fiind un instrument de protecție și purificare simbolică. Forma șerpuită a lamei poate sugera flacăra și lumina, elemente cheie în simbolismul masonic.

Celelalte șapte spade au lame drepte și sunt distribuite astfel: una la Expert, una la Acoperitor și cinci la dispoziția altor Maeștri din Lojă.

Aceste spade sunt folosite pentru a forma Bolta de Oțel, o structură simbolică creată cu spadele, la intrarea în Templu a unor oficiali din cadrul Marii Loji.

Numărul de spade utilizate în formarea Boltei de

Oțel variază în funcție de rangul și importanța Fratelui care intră în Templu: trei spade și cinci spade conform normelor masonice în vigoare la momentul derulării respectivului Ritual.

Bolta din șapte spade se constituie numai pentru intrarea Marelui Maestru, în aceasta "boltă" fiind incluse cele ale Expertului și Acoperitorului.

Această practică de a forma Bolta de Oțel nu este doar un gest de respect și onoare pentru Frații cu rang înalt în masonerie, ci și o manifestare simbolică a unității, forței și protecției oferite de Lojă. Fiecare spadă, în poziția sa, contribuie la crearea unui spațiu sacru și protejat, simbolizând vigilența și angajamentul membrilor Lojii față de principiile și valorile masonice. Formarea Boltei de Oțel este un act de onoare și respect, dar și un simbol al fraternității și solidarității între masoni.

În concluzie, spadele prezente și utilizate în Loja masonică nu sunt doar pentru ceremonie sau decor, ci sunt încărcate cu semnificații profunde.

BASTONUL MAESTRULUI DE CEREMONII

Lângă scaunul Maestrului de Ceremonii din Loja masonică se află un element distinctiv și funcțional: bastonul Maestrului de Ceremonii. Rolul acestui baston în ritualurile și ceremoniile masonice este semnificativ şi plin de simbolism.

Bastonul Maestrului de Ceremonii este folosit pentru a indica momentele importante din cadrul ritualurilor, cum ar fi anunţuri sau iniţierea deplasărilor în cadrul Lojii.

Când Maestrul de Ceremonii bate cu bastonul, acesta atrage atenţia membrilor Lojii şi marchează începutul sau sfârşitul unei secţiuni specifice din ceremonie. De asemenea, este folosit pentru a indica direcţia pe care membrii Lojii trebuie să o urmeze în timpul deplasărilor rituale.

Utilizarea bastonului de către Maestrul de Ceremonii nu este doar un mijloc practic de a coordona şi ghida procedurile, ci şi un act simbolic.

Bastonul reprezintă autoritatea şi rolul de ghid al Maestrului de Ceremonii în cadrul Lojii. Este un simbol al ordinii şi disciplinei, subliniind importanţa respectării regulilor şi a structurii ceremoniilor masonice.

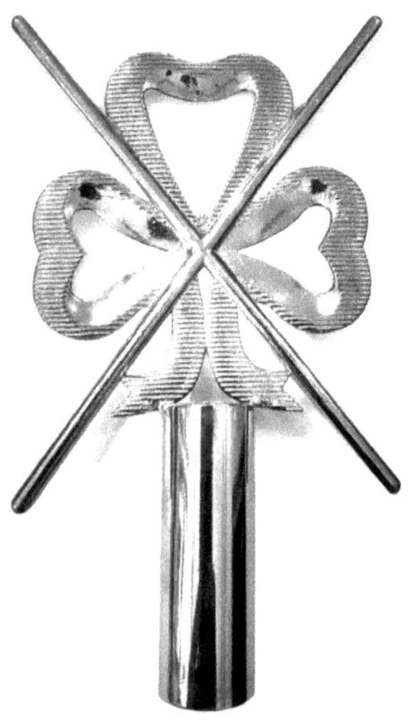

Prin urmare, bastonul Maestrului de Ceremonii este mai mult decât un simplu instrument. Este un simbol al rolului crucial pe care Maestrul de Ceremonii îl joacă în menținerea ordinii și a fluenței în cadrul Lojii. El reprezintă respectul pentru tradiție și pentru structura masonică, ajutând la crearea unei atmosfere de reverență și respect în timpul lucrărilor Lojii.

Bastonul Maestrului de Ceremonii contribuie la experiența ceremonială și la menținerea unei note de distincție și respect în derularea ritualurilor masonice fiind esențial pentru realizarea și punctarea întocmai a unor mișcări specifie și estențiale în ritual.

Pe peretele de la Orient al Templului masonic sunt dispuse câteva elemente importante care reflectă identitatea și valorile Lojii.

I∴G∴M∴A∴A∴U∴

În centrul peretelui, deasupra tuturor elementelor fixe menționate până acum, se află inscripția "I∴G∴M∴A∴A∴U∴", un acronim care are o semnificație profundă în masonerie.

Această inscripție înseamnă *"Întru GloriaMarelui Arhitect Al Univesului"*.

Aceasta simbolizează respectul și venerația pentru Creatorul a tot ce există și în plus, pune întreaga activitate sub protecția acestuia, subliniind importanța cunoașterii și păstrării istoriei și învățăturilor sale.

DRAPELUL NAȚIONAL

Spre partea de Miazănoapte a peretelui de la Orient este amplasat drapelul național al României. Prezența drapelului național în Lojă subliniază respectul și loialitatea membrilor Lojii față de țara lor. Este un simbol al patriotismului și al responsabilității civice, reamintind membrilor Lojii de legăturile și îndatoririle lor față de națiune și de societate.

BANIERA LOJII

Pe latura de Miazăzi a peretelui se găsește baniera Lojii. Aceasta reprezintă identitatea și particularitățile specifice ale Lojii respective. Baniera poate include simboluri, culori și devize specifice Lojii, reflectând caracterul unic, valorile și tradițiile acesteia.

Prezența banierei în Templu servește ca un punct de identificare și mândrie pentru membrii Lojii, simbolizând unitatea, istoria și scopurile comune ale grupului.

Prin urmare, dispunerea acestor elemente pe peretele de la Orient nu este doar o chestiune de decor, ci este încărcată cu simbolism și semnificație.

Împreună, acestea reprezintă un echilibru între respectul pentru tradiția masonică universală, loialitatea față de națiune și identitatea distinctă a Lojii, creând un mediu care promovează unitatea, respectul

I.·.G.·.M.·.A.·.A.·.U.·.
M.·.L.·.N.·.R.·.
Sol Omnibus Lucet
LUMINA LEX
R.·.L.·. Lumina Lex
Nr 255   Or.·. Bucuresti

și o legătură profundă cu valorile masonice.

TRUNCHIUL VĂDUVEI

Pe masa Ospitalierului se găsesc două obiecte semnificative, ambele având o formă asemănătoare cu traistele călugărești și echipate cu mânere pentru ușurința în manipulare.

Acești doi saci au roluri și semnificații distincte în cadrul Lojii. Primul sac este cunoscut sub numele de *"Trunchiul Văduvei"*. Acesta este utilizat pentru colectarea donațiilor de către Ospitalier.

Trunchiul Văduvei este un element tradițional în masonerie, simbolizând caritatea și sprijinul oferit celor în nevoie. Numele sacului face referire la văduvele și orfanii masonilor decedați, reamintind membrii Lojii de responsabilitatea lor de a ajuta și a oferi sprijin membrilor comunității lor care se confruntă cu dificultăți.

SACUL PENTRU PROPUNERI TACITE

Al doilea sac este destinat *"Propunerilor Tacite"*. Acesta este folosit pentru colectarea propunerilor scrise de către Frați, care sunt apoi preluate de către Maestrul de Ceremonii. Propunerile Tacite reprezintă o modalitate discretă și respectuoasă prin care membrii Lojii pot face sugestii sau pot aduce în discuție subiecte importante.

Acest proces subliniază importanța comunicării deschise și a participării active în cadrul Lojii, totodată respectând confidențialitatea și discreția.

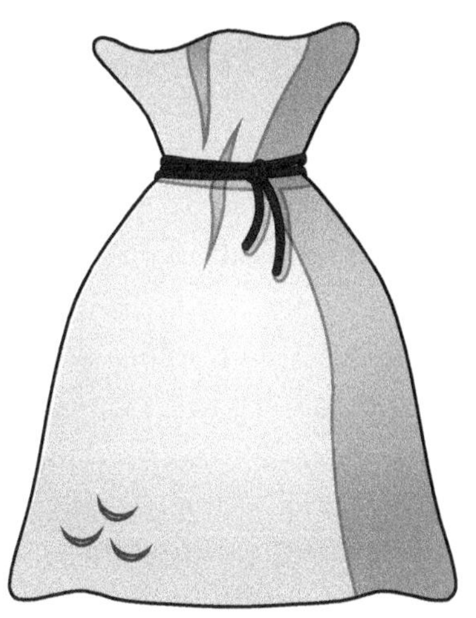

După colectarea donațiilor și a propunerilor, ambii saci sunt lăsați pe masa Oratorului. Această practică simbolizează transparența și responsabilitatea în gestionarea resurselor și a ideilor din Lojă. Prin plasarea sacilor pe masa Oratorului, se asigură că toate contribuțiile și sugestiile sunt prezentate în fața întregii Loji, subliniind angajamentul față de onestitate, transparență și procesul democratic în cadrul Lojii.

Prin urmare, prezența Trunchiului Văduvei și a Sacului pentru Propuneri Tacite pe masa Ospitalierului nu este doar o formalitate, ci reflectă valorile centrale ale masoneriei: caritatea, susținerea reciprocă, comunicarea deschisă și participarea activă. Aceste obiecte reamintesc membrilor Lojii de responsabilitatea lor colectivă de a contribui atât material, cât și ideatic la bunăstarea și evoluția Lojii și a membrilor săi. Aceste practici contribuie la consolidarea sentimentului de comunitate, fraternitate și responsabilitate partajată în cadrul Lojii.

ARANJAREA TEMPLULUI

Maestrul de Ceremonii deține un rol esențial în asigurarea că toate elementele de mobilier și obiectele simbolice sunt prezente și corect amplasate. Aceasta include aranjarea precisă a mobilierului, precum și a obiectelor descrise, cum ar fi lumânările, colanele, bijuteriile, instrumentele și uneltele. Responsabilitatea Maestrului de Ceremonii de a menține ordinea și decorul adecvat al Templului este vitală pentru crearea unei atmosfere propice desfășurării ritualurilor și ceremoniilor masonice.

Participarea Fraților Ucenici în pregătirea Templului la solicitarea Maestrului de Ceremonii este considerată o onoare și o oportunitate de învățare.

Implicarea directă în aranjarea Templului oferă Ucenicilor o perspectivă mai profundă asupra semnificațiilor și importanței fiecărui element al Lojii. De asemenea, contribuie la dezvoltarea sentimentului lor de apartenență și responsabilitate față de Lojă.

Prin implicarea în pregătirea Templului, Ucenicii dobândesc o apreciere mai mare pentru simbolismul și ritualurile masonice, înțelegând mai bine rolul și semnificația fiecărui obiect și aspect al Templului. Această experiență îi ajută să dezvolte un sentiment de mândrie și respect față de tradițiile masonice și îi încurajează să fie mai implicați în activitățile Lojii.

În plus, colaborarea Ucenicilor cu Maestrul de Ceremonii în pregătirea Templului este o modalitate excelentă de a construi relații și a dezvolta un sentiment de fraternitate și colaborare între membrii Lojii. Aceasta permite Ucenicilor să interacționeze și să învețe de la cei mai experimentați Frați, consolidând legăturile masonice.

Prin urmare, rolul Maestrului de Ceremonii în asigurarea unei pregătiri adecvate a Templului este crucial pentru succesul Lucrărilor Lojii, iar participarea Ucenicilor la acest proces este nu doar o onoare, ci și o parte importantă a călătoriei lor educaționale și spirituale în masonerie. Această participare activă subliniază ideea că fiecare membru al Lojii, indiferent de grad, are un rol important și contribuie la buna funcționare și la spiritul comunității masonice.

Implicarea în pregătirea Templului devine o expresie a dedicării și a angajamentului fiecărui Ucenic față de principiile și valorile masonice.

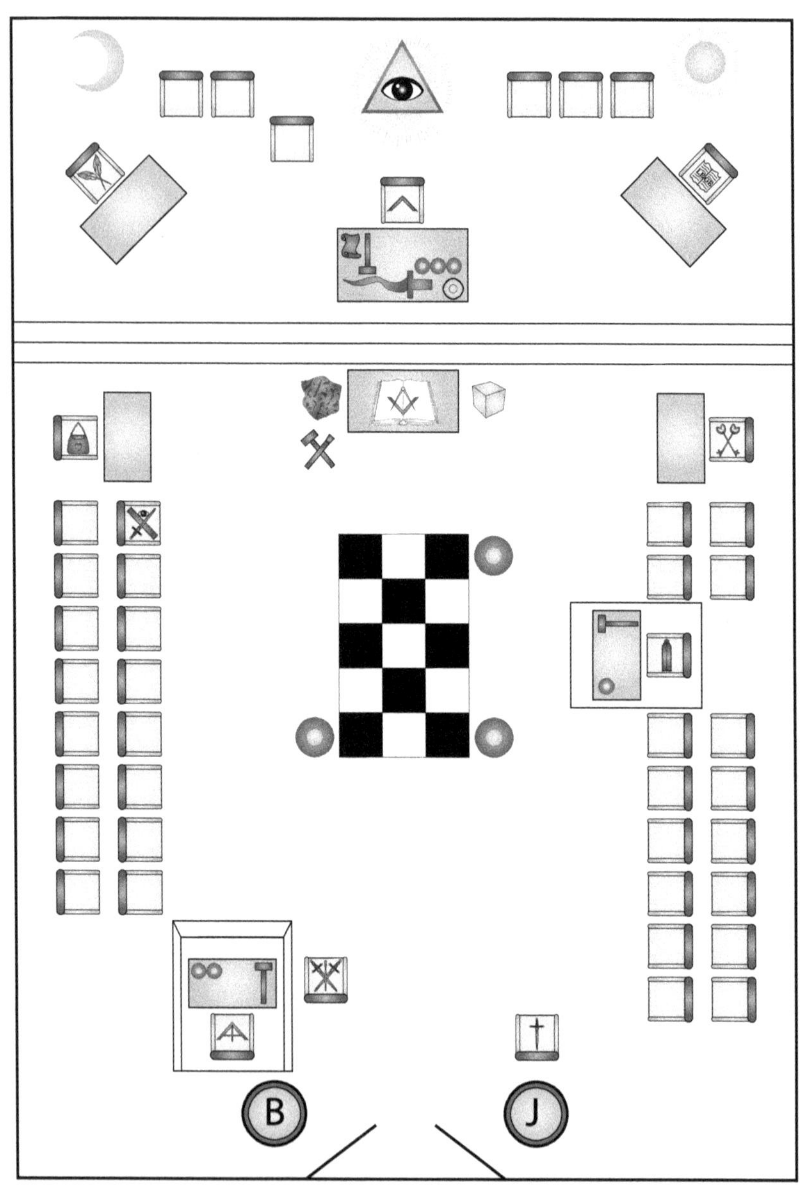

B
J

COMPONENȚA UNEI LOJI

PRECIZĂRI EXTRASE DIN RITUALUL UCENICULUI

La lucrările unei Loji în Grad de Ucenic pot participa Ucenici, Calfe și Maeștri.

Pentru ca o Lojă să fie *"Justă și Perfectă"* trebuie ca la lucrările ei să participe cel puțin șapte Maeștri.

În caz contrar, nu se vor putea desfășura Ținute Rituale pentru Inițieri sau Sporuri de Salariu.

Frații se așează pe bănci (sau scaune) dispuse longitudinal, pe laturile de Miazănoapte și Miazăzi ale Templului, după cum urmează:

- Ucenicii, pe latura de Miazănoapte.

  Ei nu au voie să ocupe locurile din primul rând, în afara cazului când Templul nu este prevăzut cu mai mult de un rând pe fiecare latură.

  În această situație, ei se vor așeza pe locurile dinspre Occident.

- Calfele, pe latura de Miazăzi (în spatele celui de Al Doilea Supraveghetor).

  Nu au voie să ocupe locurile din primul rând,

în afara cazului când Templul nu este prevăzut cu mai mult de un rând pe fiecare latură.

În această situaţie, ei se vor aşeza pe locurile dinspre Occident.

- Maeştrii se pot aşeza pe orice latură şi în orice rând.

Precizări pentru alte tipuri de Ritual

Dispunerea prezentată este pentru Lojile care lucrează pe un Ritual Masonic ce are ca origine Ritualul Scoţian Antic şi Acceptat.

În Lojile care lucrează pe alte tipuri de Ritual, Ucenicii şi Calfele pot să ocupe locuri şi pe primul rând al fiecărei laturi asociate.

Explicaţia este generată de ideea că aceştia trebuie să vadă şi să înteleagă Ritualul şi de aceea este necesar să fie mai aproape de centrul Templului, de derularea Ritualului, nu pe rândul din spate.

În aceste Ritualuri, Maeştrii se pot aşeza ca în Ritualul de tip Scoţian Antic şi Acceptat, pe orice latură şi în orice rând, dar în aşa fel încât să permită tuturor Ucenicilor şi Calfelor să stea numai pe rândul din faţă.

OFICIALII LOJII

Este important de subliniat că termenul "Ofiţer" în contextul Lojii masonice îşi are originea în natura funcţiei îndeplinite de către cei care conduc Loja şi derulează Ritualul.

Aceşti membri, adesea denumiţi "Oficiali" ai Lojii, îşi exercită rolurile într-un mod care este "oficial", adică îndeplinesc anumite sarcini şi responsabilităţi specifice oficiului pe care îl ocupă.

Termenul "Oficiar" este o variantă derivată a acestui cuvânt și subliniază aceeași idee de responsabilitate oficială în cadrul Lojii.

Cu timpul, s-a făcut o tranziție naturală și firească de la "Oficial" sau "Oficiar" la termenul de "Ofițer", care este acum utilizat pe scară largă.

Deși există o tentație de a actualiza terminologia pentru a reflecta mai precis rolul și responsabilitățile acestor membri ai Lojii, este esențial să respectăm tradiția și terminologia stabilită.

Prin urmare, în această carte și în general, voi folosi termenul "Ofițeri și Demnitari", așa cum este recunoscut în Constituția Masonică în vigoare din anul 2008, când Marea Lojă Națională din România a primit recunoașterea de la Marea Lojă Unită a Angliei.

Ofițerii și Demnitarii Lojii se disting prin purtarea unui colan de pânză, catifea sau mătase, care este brodat și are prins în partea inferioară o Bijuterie metalică, simbolizând oficiul pe care îl îndeplinesc.

Bijuteriile si broderiile nu sunt doar decorative, ci reprezintă un simbol vizual al responsabilităților și funcțiilor pe care aceștia le îndeplinesc în cadrul Lojii.

Astfel, colanul și bijuteriile sunt mai mult decât simple ornamente, ele sunt un semn al onoarei, al datoriei și al rolului vital pe care acești membri îl joacă în menținerea tradițiilor și în desfășurarea activităților Lojii.

MAESTRUL VENERABIL

Stă la Orient cu fața spre Occident.

Orientul este înălțat cu trei trepte față de podeaua Templului.

Masa Maestrului Venerabil, care se află amplasată în centru, este ridicată față de podeaua Templului cu 3 trepte.

Pentru Maestrul Venerabil, simbolul sau semnul distinctiv este "*Echerul*", un simbol puternic al dreptății și corectitudinii.

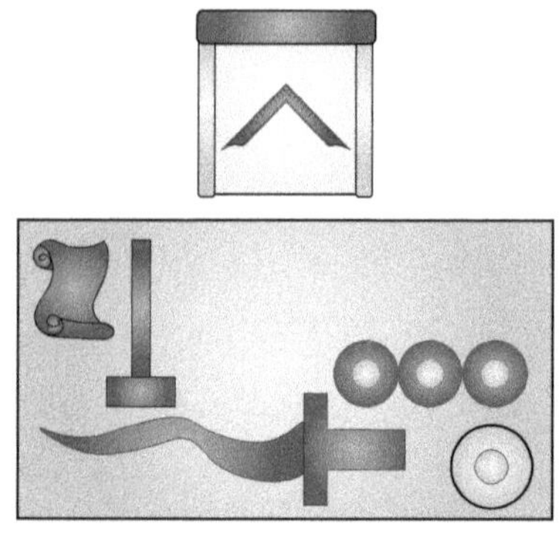

Acest simbol reprezintă principii fundamentale pentru orice lider, subliniind importanţa unei conduceri echitabile şi corecte în cadrul Lojii.

FOȘTII MAEȘTRI VENERABILI AI LOJII
(Maeștrii Venerabili din Trecut)

Stau la Orient, la stânga Maestrului Venerabil (privind dinspre Orient spre Occident).

Pentru un Maestru Venerabil din Trecut, simbolul sau semnul distinctiv este reprezentat de "*Demonstraţia grafică a teoremei lui Pitagora (un triunghi dreptunghic cu laturile în raport 3:4:5, pe laturile căruia sunt construite trei pătrate) în centrul unui Echer*", simbolizând înţelepciunea şi cunoaşterea acumulată.

PRIMUL SUPRAVEGHETOR

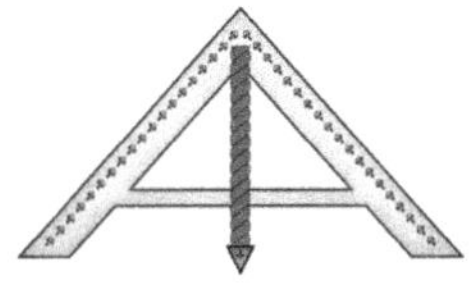

Îşi are locul la Occident, în apropierea laturii de Miazănoapte a Templului.

Platforma sa este înălţată cu două trepte.

Pentru Primul Supraveghetor, simbolul sau semnul distinctiv este *"Nivela"*, un instrument care simbolizează egalitatea şi echilibrul.

Aceste calităţi sunt vitale în supervizarea Calfelor, asigurând că fiecare membru este tratat cu echitate şi că toţi membrii Lojii contribuie la un echilibru armonios în activităţile lor.

AL DOILEA SUPRAVEGHETOR

Este aşezat pe mijlocul laturii de Miazăzi.

Platforma sa este înălţată cu o singură treaptă.

Pentru Al Doilea Supraveghetor, simbolul sau semnul distinctiv este *"Perpendiculara"* (Firul cu plumb).

Acest simbol reprezintă verticalitatea şi integritatea, amintind de importanţa menţinerii unui standard înalt de onestitate şi moralitate în cadrul Lojii şi mai ales primele obligaţii pe care este necesar să le respecte Ucenicii.

ORATORUL

Stă la stânga Maestrului Venerabil (privind de la Orient la Occident).

Masa acestuia se află la Orient.

El poate sta cu faţa spre Occident sau cu faţa spre masa Maestrului Venerabil.

Pentru Orator, simbolul sau semnul distinctiv este *"Cartea deschisă pe care scrie Lege"*.

Acest semn distinctiv subliniază rolul crucial al acestuia în comunicarea şi interpretarea legilor şi regulamentelor Lojii, simbolizând deschiderea către cunoaştere şi înţelepciune.

SECRETARUL

Stă la dreapta Maestrului Venerabil (privind de la Orient la Occident).

Masa acestuia se află la Orient.

El poate sta cu faţa spre Occident sau cu faţa spre masa Maestrului Venerabil.

Pentru Secretar, simbolul sau semnul distinctiv este reprezentat de *"Penele încrucişate"*, simbolizând comunicarea şi documentarea activităţilor Lojii.

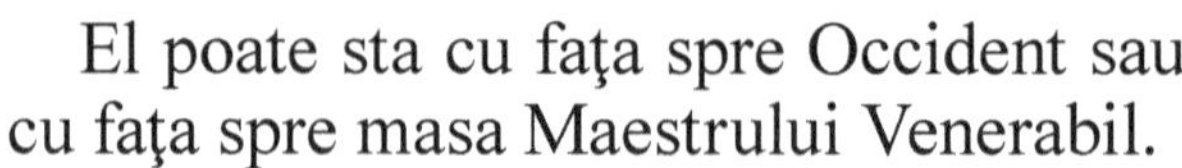

TREZORIERUL

Stă pe latura de Miazăzi la baza Orientului, la o

masă, fără platformă.

Pentru Trezorier, simbolul sau semnul distinctiv este reprezentat de *"Două chei încrucişate"*, simbolizând responsabilitatea şi încrederea plasată în el pentru gestionarea finanţelor.

OSPITALIERUL

Stă pe latura de Miazănoapte, la baza Orientului, la o masă, fără platformă.

Pentru Ospitalier, simbolul sau semnul distinctiv este reprezentat de *"O pungă (traistă) călugărească"*, un simbol al generozităţii şi susţinerii reciproce.

EXPERTUL

Stă pe latura de Miazănoapte în stânga Ospitalierului.

Pentru Expert, simbolul sau semnul distinctiv este reprezentat de *"O spadă încrucişată cu o riglă şi un ochi"*, un semn al vigilenţei şi exactităţii.

MAESTRUL DE CEREMONII

Este aşezat la Occident, în dreapta Primului Supraveghetor (privind dinspre Occident spre Orient).

Pentru Maestrul de Ceremonii, simbolul sau semnul distinctiv este reprezentat de *"Două spade încrucişate şi un baston"*, indicând rolul său esenţial în organizarea şi desfăşurarea activităţilor Lojii. 

ACOPERITORUL

Stă în interiorul Templului, la dreapta intrării (privind dinspre Occident spre Orient), lângă Coloana Jachin. 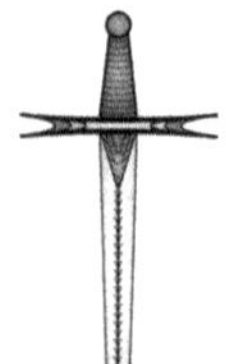

Pentru Acoperitor, simbolul sau semnul distinctiv este reprezentat de *"Spada în poziţie verticală"*, simbolizând vigilenţa şi protecţia.

CIRCULAȚIA ÎN TEMPLU ȘI PUNCTE DE REFERINȚĂ

CIRCULAȚIA ÎN TEMPLU

Înainte de deschiderea Lucrărilor

Conform principiilor și reglementărilor masonice, când Lucrările nu sunt deschise, ("Luminile" nu sunt aprinse) în Templu se circulă în sens dextrocentric (în sensul acelor de ceasornic), cu mâna dreaptă pe inimă.

În cadrul Ritualurilor de tip Francez și Scoțian, deci și cel din cadrul Marii Loji Naționale din România, nu este definită nicăieri în terminologia masonică poziția *"semn de fidelitate"*, deci se utilizează numai formula *"cu mâna dreaptă pe inimă"*.

În Ritualurile de tip Anglo-Saxon, cum este Ritualul Emulation, poziția aceasta este în mod explicit denumită "Fidelitate".

După deschiderea Lucrărilor

Conform principiilor și reglementarilor masonice, după proclamarea deschiderii Lucrărilor de către Maestrul Venerabil, în Templu se circulă întotdeauna în poziția "La Ordin" și în sens dextrocentric (în sensul acelor de ceasornic), pe cele patru laturi, în jurul Pavajului Mozaicat.

Pe parcursul Lucrărilor, niciun Frate nu are dreptul de a circula în Templu decât la comandă sau cu aprobarea Maestrului Venerabil.

Excepţie face Fratele Expert, în anumite condiţii specifice.

În timpul Lucrărilor, Fraţii vor fi conduşi în Templu şi în afara acestuia de către Maestrul de Ceremonii.

TERMENUL "COLOANE"

Această formulare utilizată în Ritual se referă exclusiv la Coloanele de la intrarea în Templu şi nu la Stâlpii amplasaţi în mijlocul Templului.

Deşi în terminologia masonică se folosesc expresiile *"Fraţii aşezaţi pe Coloane"* sau *"Fraţii de pe Coloane"*, trebuie reţinut faptul că acele "Coloane" sunt dispuse în Templu pe laturile de Miazăzi şi Miazănoapte în conformitate cu procedurile şi Ritualul Masonic.

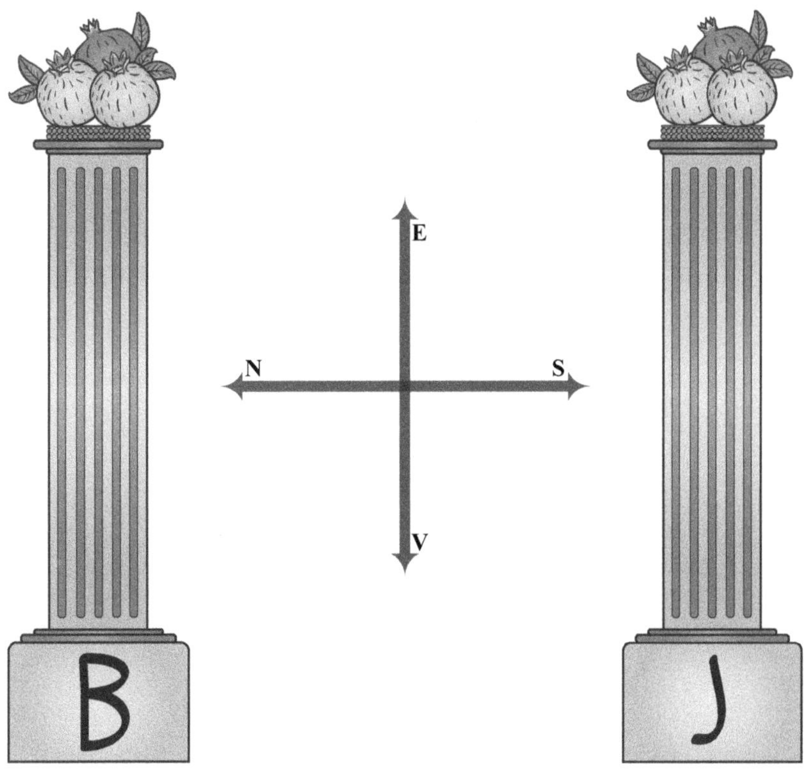

POZIȚIA "ÎNTRE COLOANE"

Conform procedurilor și cutumelor Masonice, în timpul derulării Ritualului Ucenicului, Planșele de Arhitectură sunt prezentate cu aprobarea Maestrului Venerabil în dreapta pupitrului Primului Supraveghetor (privind dinspre Occident către Orient), în locul aflat pe aceeași axă cu mijlocul distanței dintre Coloanele Boaz și Jachin.

În terminologia masonică, pentru poziția conform explicației de mai sus, se folosește expresia *"Între Coloane"*.

Când se vorbește despre *"a fi între Coloane"*, acesta este un termen care se referă exclusiv la poziționarea dintre coloanele Jachin și Boaz, situate la intrarea în Templul masonic.

Această poziție bine definită este asociată unui punct de maximă importanță în ritualurile și ceremoniile

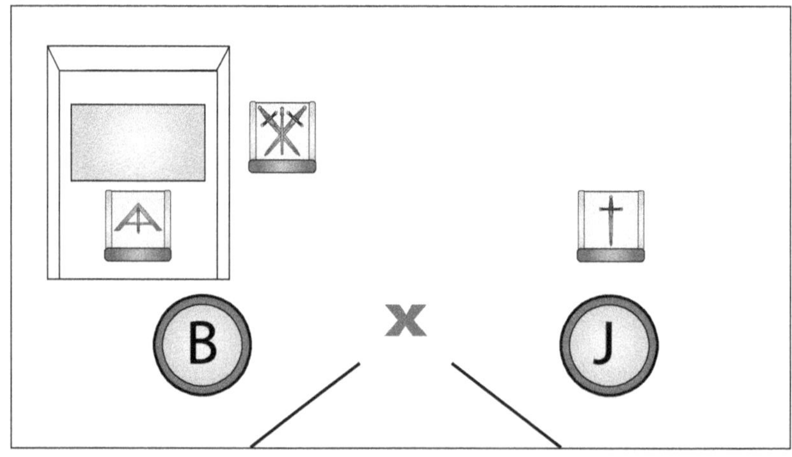

masonice, precum şi pentru diferite momente specifice din cadrul activităţii curente a Lojii.

Coloanele simbolizează trecerea de la lumea profană la cea spirituală şi sunt încărcate cu un profund simbolism spiritual şi istoric în masonerie.

Pe de altă parte, "Stâlpii" menţionaţi în contextul Pavajului Mozaicat, în special cei ai forţei şi frumuseţii situaţi pe latura de vest, au semnificaţii diferite.

Stâlpii reprezintă valorile şi principiile masonice, forţa şi frumuseţea, şi sunt strâns legaţi de structura ierarhică şi funcţională a Lojii.

Este important să se înţeleagă această diferenţiere pentru a aprecia corect semnificaţia şi rolul fiecăruia în cadrul Lojii şi al ceremoniilor masonice.

Coloanele Jachin şi Boaz stau ca simboluri ale iniţierii şi transformării spirituale, în timp ce stâlpii de pe latura de vest a Pavajului Mozaicat reprezintă pilonii pe care se sprijină forţa şi frumuseţea în viaţa masonică.

Această distincţie clară între coloane şi stâlpi nu este doar o chestiune de terminologie, ci şi un aspect fundamental al înţelegerii şi practicării corecte a tradiţiilor şi simbolismului masonic.

În concluzie, atunci când ne referim poziţia "*Între Coloane*" este obligatoriu să asociem aceasta poziţie cu aşezarea în locul aflat pe aceeaşi axă cu mijlocul distanţei dintre Coloanele Boaz şi Jachin, deci între aceste două coloane de la intrarea în Templu.

INTRAREA ÎN TEMPLU

Templul Masonic este o încăpere bine definită, atât ca dimensiuni şi raport între laturi, cât şi cu privire la decorurile specifice.

Având în vedere faptul că faptului că în activitatea masonică modernă se folosesc multe simboluri care au o rădăcină adâncă în istoria şi principiile francmasoneriei, la fel, intrarea într-un Templu ideal,

care respectă descrierea oficială, se face prin peretele de la Occident.

Coloanele Boaz și Jachin, prin poziționarea lor strategică și semnificația lor profundă, reprezintă un portal simbolic prin care membrii Lojii trec pentru a intra într-un spațiu sacru.

Această trecere simbolizează tranziția de la lumea profană la cea spirituală, de la exterior la interior, și de la individualitate la comunitate.

Prin urmare, cele două coloane nu sunt doar elemente arhitecturale ale Templului, ci sunt piloni spirituali și simbolici ai călătoriei masonice, reprezentând principiile fundamentale ale forței, stabilității și creșterii comune.

Coloanele Boaz și Jachin, prin prezența lor dominantă la intrarea în Templu, devin simboluri ale căii masonice către iluminare și perfecțiune morală.

Este evident că nu întotdeauna intrarea în încăperea care găzduiește Templul se face pe la Occident.

Este important să înțelegem un aspect esențial pentru a evita confuziile.

Unele săli în care au fost amenajate Temple Masonice, nu respectă așezarea Est-Vest. Există unele cazuri în care intrarea în sala care este amenajată ca Templu nu se face prin latura de Vest.

În aceste condiții, este obligatoriu să considerăm că intrarea simbolică în Templu se face pe latura de la Occident, definită ca poartă a Templului, ce este străjuită de Coloanele Boaz și Jachin.

Este important să nu se facă confuzie între "sala" în care a fost amenajat un "Templu Masonic" şi conceptul de "Templu Masonic".

LUAREA CUVÂNTULUI ȘI FORMULA DE ADRESARE

LUAREA CUVÂNTULUI

În conformitate cu "statutul" Ucenicului, acesta nu poate cere cuvântul pe parcursul Lucrărilor.

Dacă un Ucenic dorește să facă o propunere, el o poate scrie pe un bilet pe care îl introduce la sfârșitul Ținutei în Sacul pentru *"Propuneri Tacite"*.

Numai Maestrul Venerabil este cel care poate decide dacă va da citire propunerilor la sfârșitul Ținutei Rituale.

Ucenicii pot vorbi ori de câte ori Maestrul Venerabil le solicită acest lucru.

Frații de pe Coloane, în cazul de față Ucenicii, cărora li se acordă cuvântul, se ridică în picioare, iau poziția *"La Ordin"* și execută *"Semnul Penal"* (corespunzător gradului de Ucenic), revin apoi în poziția *"La Ordin"* și își încep alocuțiunea.

În conformitate cu principiile de funcționare a Lojii Masonice, la sfârșitul alocuțiunii, Fratele care a vorbit spune: *"Am zis, Venerabile Maestru"*, face *"Semnul*

Penal" şi se aşează la locul său.

Astfel, este evident faptul că încheierea oricărei alocuţiuni este confirmată (consumată) în momentul în care se execută *"Semnul Penal"*.

Prin această modalitate de a încheia, se justifică şi faptul ca nu se poate lua cuvântul de două ori pe asceeaşi temă / acelaşi subiect.

Odata ce ai afirmat *"Am zis!"*, înseamnă că ai spus tot ceea ce aveai de spus şi nu mai poţi să intervi din nou.

ADRESAREA

Ucenicii pot prezenta Planşe de Arhitectură, dacă Maestrul Venerabil a aprobat citirea respectivei Planşe.

Toate alocuţiunile din cadrul Lojii se încep cu formula *"Venerabile Maestru"*.

Conform celor precizate în cartea ***"101 de teme de alocuţiuni în cadrul Lojii"***, de Şerban Eugen Savu, Editura Sanmeso, 2022:

"Fundamentarea acestei reguli pleacă de la faptul că, indiferent de tipul Ţinutei, pe Tronul regelui Solomon stă un singur Frate, cel care deţine ciocanul şi conduce Lucrările şi care se numeşte generic "Maestrul Venerabil".

"Dacă la Lucrări participă Marele Maestru şi la intrarea în Templu a refuzat preluarea ciocanului oferit

de către Maestrul Venerabil, conform prevederilor regulamentare, prin acest gest Marele Maestru a transferat şi confirmat prerogativele de conducător al Lucrărilor Maestrului Venerabil. În consecinţă, Maestrul Venerabil fiind conducătorul Ţinutei, şi cel care acordă cuvântul celui care urmează să-şi prezinte alocuţiunea, este firesc să ne adresăm în primul rând acestuia."

LANȚUL DE UNIRE

Lanțul de Unire reprezintă un moment semnificativ în ceremoniile masonice, simbolizând unitatea și legatura simbolică dintre frați. Există două variante principale ale Lanțului de Unire: *Lanțul Lung de Unire* și *Lanțul Scurt de Unire*, fiecare având semnificații și simboluri proprii.

Diferențele dintre cele două variante sunt esențiale și sunt descrise în Ritualul Ucenicului, în Ceremonia de Inițiere și în anexele existente la Ritualul tipărit.

LANȚUL LUNG DE UNIRE

Lanțul Lung de Unire (sau Lanțul de Unire deschis) se formează cu brațele întinse, mâinile fără mănuși, apucându-se cu mâna stângă, palma orientată în sus, mâna dreaptă a Fratelui din stânga, iar cu mâna dreaptă, palma orientată în jos, mâna stângă a Fratelui din dreapta.

Acest gest simbolizează unitatea și sprijinul reciproc între frați și sugerează o legătură continuă, un lanț neîntrerupt de fraternitate.

Lanțul Lung de Unire se formează în două cazuri,

în două momente distincte din cadrul Lucrărilor Lojii Ucenicilor:

1. la admiterea Neofitului în Templu, în cadrul Ritualului de Iniţiere;

2. la Închiderea Lucrărilor (dacă numărul membrilor prezenţi nu permite realizarea "Lanţului Scurt".

LANȚUL LUNG DE UNIRE PENTRU ADMITEREA UNUI NEOFIT ÎN TEMPLU

Este esențial să înțelegem că Lanțul Lung de Unire care se formează în timpul admiterii unui Neofit în Templu, în cadrul unei Ceremonii de Inițiere, este un aspect distinct și semnificativ al procesului inițiatic masonic.

Acest tip de Lanț de Unire diferă de cel obișnuit pe care Frații îl formează în alte momente ale ritualurilor masonice.

Diferențele se referă la aspectul său și la semnificația sa profundă în contextul admiterii unui nou candidat în Ordinul Masonic.

În primul rând, aspectul Lanțului Lung de Unire poate diferi în funcție de tradiția și ritualurile specifice ale Lojii Masonice.

Această variație este importantă pentru că adaugă un nivel suplimentar de autenticitate și profunzime a ritualului.

Este un mod prin care fiecare Lojă își păstrează tradițiile și particularitățile unice.

În ceea ce privește semnificația sa, Lanțul Lung de Unire în cadrul inițierii are un rol special.

Acesta marchează momentul în care un nou membru intră în Ordinul Masonic și se pregătește pentru a fi instruit şi apoi recunoscut.

Prin această formă de Lanţ de Unire, membrii Lojii îl înconjoară pe candidat într-un mod mai apropiat şi semnificativ, simbolizând protecţia, sprijinul şi prietenia lor.

Acest moment marchează începutul călătoriei sale în Masonerie şi devine unul dintre cele mai memorabile şi impresionante momente ale vieţii sale masonice.

Prin urmare, trebuie subliniat că Lanţul Lung de Unire are un scop distinct şi adânc înrădăcinat în ritualurile masonice de iniţiere.

Este un simbol puternic al legăturii care se formează între candidat şi Fraţi în momentul primirii sale în Ordin şi serveşte ca amintire vie a angajamentului solemn pe care candidatul îl face în faţa fraţilor, precum şi în ceea ce priveşte parcursul lui ulterior în masonerie.

LANŢUL SCURT DE UNIRE

Lanţul Scurt de Unire, cunoscut şi sub numele de lanţul închis, este o altă variantă a Lanţului de Unire.

Aici, braţele fraţilor sunt încrucişate, iar mâinile lor sunt tot fără mănuşi. Braţul drept al fiecărui Frate este pus peste braţul stâng al celui din dreapta.

În acest mod, mâna stângă cu palma orientată în sus a fiecărui Frate este întinsă pentru a apuca mâna dreaptă a celui din dreapta. Simbolismul acestui tip de

Lanţ de Unire este de asemenea profund, reprezentând unitatea şi legătura dintre fraţi într-un mod diferit, dar la fel de puternic.

Atât Lanţul Lung de Unire, cât şi Lanţul Scurt de Unire, sunt expresii ale unităţii, solidarităţii şi fraternităţii masonice. Aceste gesturi simbolice reflectă angajamentul fraţilor de a susţine şi de a împărtăşi experienţele vieţii lor în cadrul Ordinului Masonic.

MODALITĂŢI DE FORMARE A LANŢULUI DE UNIRE

Indiferent de tipul de Lanţ de Unire folosit, există o preocupare esenţială pentru a asigura o aranjare corespunzătoare a Fraţilor şi a elementelor sacre în timpul acestui moment solemn din ritualurile masonice.

Scopul este să se creeze o imagine simbolică şi un cadru adecvat pentru unitatea şi fraternitatea masonică.

În ambele variante de Lanţ de Unire, acesta este format astfel încât Altarul şi cei trei Stâlpi să fie plasaţi în mijlocul Lanţului.

Acest aranjament simbolic este deosebit de important, deoarece Altarul reprezintă adesea centrul de concentrare a energiei spirituale şi a înţelepciunii masonice. În plus, cei trei Stâlpi, simbolizând înţelepciunea, forţa şi frumuseţea, ocupă şi ei un loc central în ritualurile masonice.

În cazul în care numărul de Fraţi prezenţi în Ritual nu este suficient pentru a forma un Lanţ de Unire în jurul Altarului, se adoptă o altă aranjare.

În această situaţie, Lanţul se formează în jurul Altarului, cu Fraţii care ocupă poziţii în jurul acestuia.

Cu toate acestea, este important ca cei aflaţi la Orient, adică cei care ocupă poziţii semnificative în cadrul ritualului, să nu-şi părăsească locurile.

Aceasta păstrează simbolismul şi ordinea ritualului

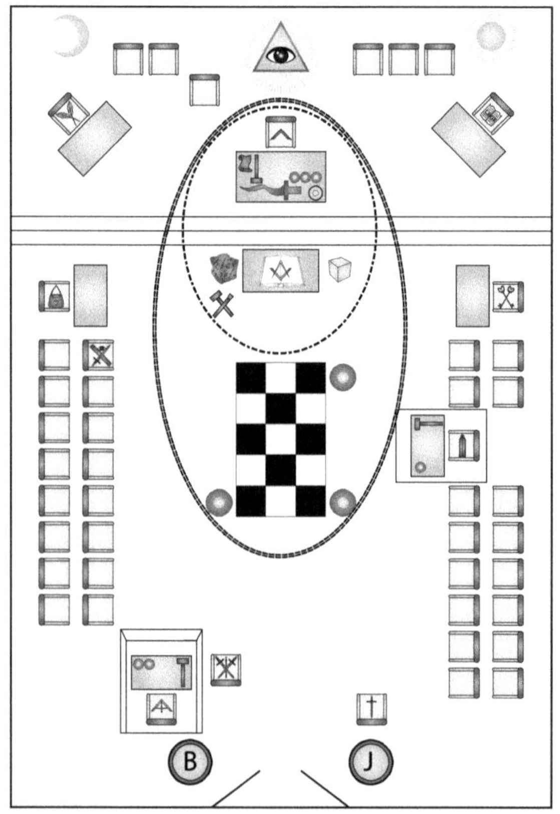

intacte, permiţându-le să-şi îndeplinească rolurile fără întreruperi majore.

În ansamblu, aranjamentul Lanţului de Unire este o componentă semnificativă a ritualurilor masonice, având un rol important în transmiterea valorilor şi mesajelor Masoneriei.

Prin acest gest simbolic, Fraţii reafirmă unitatea şi legătura lor în cadrul Ordinului Masonic, subliniind importanţa colaborării şi sprijinului reciproc în căutarea înţelepciunii şi a adevărului.

CU MÂNUȘI SAU FĂRĂ ÎN LANŢUL DE UNIRE

Este o tradiţie cu adânci rădăcini în istoria şi tradiţiile Masoneriei Operative conform căreia Lanţul de Unire este un moment solemn şi semnificativ în încheierea lucrărilor masonice.

Practicat în mod tradiţional şi operativ de Masonii medievali, acest obicei s-a transmis până în zilele noastre ca un ritual important în cadrul Lojilor Masonice.

Lanţul de Unire este un act prin care Fraţii Masoni, la încheierea Lucrărilor lor, formează un lanţ simbolic prin unirea mâinilor lor. Acest moment marcant încheie oficial lucrarea Lojii pentru acel moment şi simbolizează unitatea, fraternitatea şi solidaritatea dintre Fraţii Masoni.

Cu toate acestea, există o tradiţie intersantă legată de modul în care acest Lanţ de Unire este format.

Se spune că Masonii operativi nu purtau mănuşi atunci când formau Lanţul de Unire.

Aceasta nu este doar o coincidenţă, ci are o semnificaţie adâncă şi simbolică.

În vremurile străvechi, Masonii operativi petreceau mult timp împreună la locul de muncă şi, pentru a-şi strânge mâinile fără obstacole, îşi dădeau jos mănuşile. Acest gest simplu şi autentic a devenit o tradiţie

masonică pentru a sublinia egalitatea și unitatea dintre membrii breslei.

Egalitatea și echilibrul dintre Masoni au fost întotdeauna principii fundamentale în Masonerie. Prin scoaterea mănușilor înainte de a forma Lanțul de Unire, Frații reamintesc că, în fața Lojii și a adevărurilor masonice, toți sunt egali și Frați.

Nu există distincții de rang sau statut social în acel moment sacru.

De asemenea, acest obicei subliniază că, în Lojă, toți Masonii se adună așa cum sunt, fără măști sau însemne exterioare de diferențiere socială sau profesională.

Astfel, se crează un spațiu autentic și de echilibru în care adevărurile și principiile masonice pot fi înțelese și asimilate în mod corespunzător.

Prin urmare, modul în care Masonii formează Lanțul de Unire, fără mănuși, reprezintă o practică autentică și semnificativă care subliniază valorile fundamentale ale Masoneriei și spiritul de fraternitate care îi leagă pe toți Masonii, indiferent de diferențele lor exterioare.

POZIȚIA PALMELOR

Explicația practică a modului în care se țin palmele în Lanțul de Unire, cu stânga orientată în sus și cu dreapta orientată în jos, are rădăcini adânci în învățăturile și tradițiile Masoneriei.

Această practică simbolică subliniază principiile

fundamentale ale fraternității masonice și ale carității.

Cu mâna stângă orientată în sus, Masonul "cere" sau exprimă nevoia sa.

Aceasta simbolizează modestia și umilința cu care un Frate Mason ar trebui să se adreseze fraților săi atunci când are nevoie de ajutor sau sprijin. Prin această poziție a palmei, Masonul arată că nu are nimic în mână și că vine cu inima deschisă, cu umilință, către Frații săi. Este un gest care subliniază nevoia și cererea sa de sprijin sau îndrumare în cadrul Lojei.

Pe de altă parte, cu mâna dreaptă orientată în jos, Masonul "oferă" sau exprimă disponibilitatea sa de a ajuta sau de a face caritate.

Această poziție a palmei sugerează că Masonul este gata să ofere ajutor și sprijin, dar face acest lucru cu discreție și modestie, fără să dorească să-și facă văzută bunătatea sau generozitatea. Este o reamintire că ajutorul trebuie să fie oferit din inimă, fără a căuta recunoștință sau laudă pentru faptele bune.

Această practică simbolică în Lanțul de Unire subliniază importanța modestiei, umilinței și discreției în comportamentul Masonilor. Ea reamintește Fraților că trebuie să fie sinceri și onești în solicitarea de ajutor și că trebuie să ofere ajutor cu generozitate, dar fără să caute recunoștință sau laudă în schimb.

Este o amintire constantă a valorilor morale și etice pe care Masoneria le promovează și le încurajează în viața de zi cu zi a Fraților săi.

IEȘIREA DIN LANȚUL DE UNIRE

În cadrul Ritualului Masonic, nu se găsește nicio mențiune care să se refere la "ruperea" Lanțului de Unire.

În schimb, întotdeauna se comandă "ieșirea" din Lanțul de Unire, urmată de reluarea locurilor în Lojă.

Acest aspect este semnificativ, deoarece Lanțul de Unire reprezintă o caracteristică simbolică profundă a Frăției Masonice, având rolul de a menține Frații "legați" între ei pe tot parcursul existenței lor în Ordinul Masonic.

Expresia *"Lanțul Masonic Universal"* reflectă ideea că toți Frații Masoni au o "legătură" inițiatică care nu poate fi ruptă niciodată.

Această legătură transcende timpul și spațiul, întruchipând unitatea și fraternitatea dintre Masoni din întreaga lume. Indiferent de locație, cultură sau limbă, Masonii au în comun această "legătură" inițiatică și se

consideră frați întru Masonerie.

Într-o perspectivă ezoterică, în cadrul Ritualului de Doliu, se subliniază explicit faptul că *"Lanțul nostru de Unire nu poate fi rupt sau întrerupt vreodată"*. Această afirmație este profund simbolică și are o semnificație deosebită în înțelegerea Masoneriei. Ea indică faptul că legătura inițiatică și fraternă a Masonilor este eternă și indestructibilă.

Chiar și în fața pierderii unui Frate, legătura Francmasonilor rămâne nezdruncinată și continuă să existe dincolo de limitele vieții terestre.

Lanțul de Unire în Masonerie este un simbol puternic al unității și egalității dintre Frații Masoni, subliniind valoarea profundă a acestei frății și a conexiunii spirituale existente între membrii.

UNELTELE UCENICULUI

În Masoneria Speculativă, care este ramura modernă și filozofică a Masoneriei, se fac adesea referiri la uneltele de prelucrare operative străvechi: ciocanul (maiul) și dalta. Aceste unelte au o semnificație

profundă în contextul învăţăturilor şi simbolurilor Masoneriei.

Ciocanul (maiul) simbolizează puterea de a modela şi de a da formă caracterului uman. Prin bătăile ciocanului, Masonii învaţă să modeleze propriul lor destin şi să contribuie la îmbunătăţirea societăţii. Este un simbol al muncii şi a efortului susţinut în căutarea perfecţiunii.

Dalta reprezintă precizia şi atenţia la detalii. Prin intermediul acestei unelte, Masonii sunt îndrumaţi să

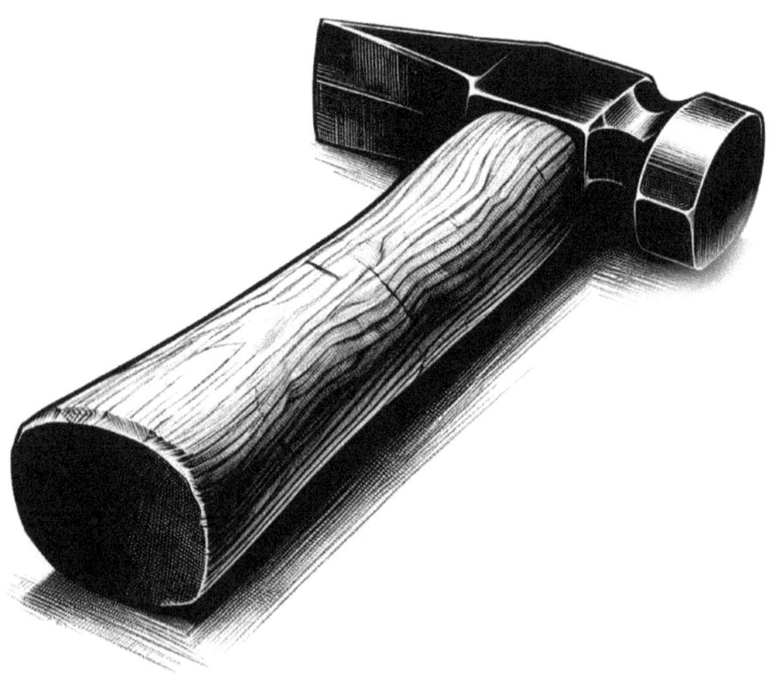

efectueze o examinare atentă a lor înșiși și a lumii din jurul lor. Este un simbol al cunoașterii și al căutării adevărului.

CIOCANUL
DESCRIERE GENERALĂ

Ciocanul este cu siguranță o unealtă importantă în Masoneria Speculativă și are semnificații profunde în contextul acestei organizații. Acesta este un simbol care se bazează pe istoria și evoluția sa în Masoneria Operativă, dar are și interpretări și înțelesuri simbolice în Masoneria Speculativă modernă.

În istoria masoneriei operative din Evul Mediu, ciocanul pietrarului era o unealtă esențială, folosită pentru cioplirea și sculptarea pietrei. Forma sa specifică, ce se aseamănă cu litera "V", a devenit emblematică pentru masonii operativi, recunoscuți ca și constructori de catedrale sau clădiri importante.

Ciocanul pietrarului era realizat din fier și era adaptat nevoilor specifice ale meseriei.

În Masoneria Speculativă, ciocanul este un simbol al muncii și al efortului susținut în căutarea perfecțiunii personale.

Acesta amintește Masonilor să modeleze și să îmbunătățească propriul lor caracter și să contribuie la construirea unei societăți mai bune prin munca lor. Forma și evoluția ciocanului în timp reprezintă, de asemenea, ideea de dezvoltare și perfecționare continuă.

În ceea ce privește diferențele de reprezentare a ciocanului în Lojile Masonice, acestea pot varia de la o jurisdicție la alta sau pot depinde de tradițiile specifice ale fiecărei Loji. Cu toate acestea, indiferent de forma sau modelul specific folosit într-o Lojă, simbolismul ciocanului și înțelesurile sale profunde rămân constante în Masoneria Speculativă.

În cadrul Lojilor Masonice, ciocanul este un simbol

prezent în mai multe forme şi cu semnificaţii diverse. Înţelesul fiecărui tip de ciocan poate varia în funcţie de contextul ritual şi de jurisdicţie, dar în general, ciocanul reprezintă ideea de muncă, de construcţie şi de perfecţionare personală.

Un tip de ciocan care apare în cadrul desfăşurării ritualului este ciocanul Maestrului Venerabil şi al celor doi Supraveghetori.

Acesta are o formă asemănătoare cu ciocanul judecătorilor şi este realizat din lemn. Ciocanul Maestrului Venerabil şi al Supraveghetorilor are un simbolism specific şi diferă de cel al ciocanului folosit de Ucenici în panoplia lor de unelte.

În concluzie, în cadrul Lojilor Masonice există mai multe tipuri de ciocane, fiecare având semnificaţii proprii şi diferite între ele. Aceste semnificaţii se pot referi la ideea de muncă şi construcţie, dar pot varia în funcţie de interpretarea specifică a fiecărei Loji sau a fiecărei jurisdicţii masonice.

Cu toate acestea, toate tipurile de ciocane încurajează Masonii să-şi îmbunătăţească caracterele şi să lucreze în continuare la propria lor dezvoltare personală în cadrul ordinului.

Simbolismul ciocanului în masonerie este, într-adevăr, un aspect interesant, şi pentru a-l înţelege în profunzime este important să ne întoarcem la originea sa în masoneria operativă şi la rolul său în procesul de prelucrare a pietrei brute.

În trecutul masoneriei operative, ciocanul era o unealtă esenţială pentru prelucrarea pietrei brute.

Frații masoni foloseau ciocanul pentru a ciopli și netezi treptat suprafața pietrei brute, lucrând cu grijă și răbdare pentru a obține forma și finisajul dorit. Acest proces se realiza prin lovituri mici și repetate, în timp ce suprafața aspră și neregulată a pietrei brute devenea treptat mai netedă și mai uniformă. Scopul final era de a obține piatra cubică perfectă, un simbol al perfecțiunii interioare pe care fiecare Mason se străduiește să o atingă.

Astfel, ciocanul în masonerie simbolizează procesul de transformare personală și spirituală prin care trece fiecare Mason. Acest proces implică efortul susținut, răbdarea și perseverența în a-și îmbunătăți caracterul și a-și atinge potențialul maxim.

Așa cum piatra brută devine treptat mai netedă și perfectă sub mâna meșterului pietrar, la fel și Masonul își îmbunătățește constant calitățile și devine o persoană mai bună prin studiu, reflecție și aplicarea principiilor masonice în viața sa de zi cu zi.

În concluzie, ciocanul reprezintă atât procesul de prelucrare și perfecționare personală, cât și munca

asiduă pe care Masonii o depun pentru a-şi atinge potenţialul şi pentru a deveni modele de moralitate şi integritate în societate.

Ciocanul reprezintă, în masonerie, una dintre cele mai semnificative unelte şi simbolizează multiple aspecte ale căii masonice.

Pentru un candidat proaspăt iniţiat în francmasonerie, ciocanul devine un simbol puternic al muncii asidue şi adevăratei realizări personale.

La începutul călătoriei sale în francmasonerie, Ucenicul înţelege că nu poate începe nicio lucrare adevărată fără a depune efort şi muncă susţinută. Acesta este primul mesaj pe care ciocanul îl transmite: necesitatea muncii şi a angajamentului personal pentru a progresa pe calea iniţiatică.

Pe măsură ce Ucenicul avansează în gradele masonice şi înţelege mai profund simbolismul uneltelor masonice, descoperă că ciocanul devine şi emblema autorităţii Maestrului Venerabil. Acest lucru indică faptul că autoritatea şi conducerea în Lojă sunt susţinute de simbolurile masonice şi de înţelegerea profundă a acestora.

Maestrul Venerabil este cel care conduce lucrările Lojii, iar ciocanul simbolizează autoritatea şi puterea de a ghida Fraţii pe calea lor iniţiatică.

Între aceste două aspecte ale simbolismului ciocanului există o zonă centrală în care se află adevăratul înţeles al acestui instrument.

Ciocanul reprezintă, în esenţă, munca asiduă

și perseverența pe calea dezvoltării personale și spirituale. Este un apel la acțiune pentru Masoni, pentru a continua să lucreze asupra lor înșiși, să-și îmbunătățească caracterul și să aducă contribuții pozitive în societate.

Prin intermediul ciocanului, Masonii sunt încurajați să devină constructori ai unei lumi mai bune, să ridice temeliile eticii și moralității în viața lor și în comunitatea lor.

În concluzie, ciocanul reprezintă mai mult decât

simpla muncă fizică sau autoritatea în Lojă; el subliniază importanţa dezvoltării personale, a muncii continue şi a angajamentului faţă de valorile masonice în fiecare aspect al vieţii.

Este un simbol al construirii unui caracter puternic şi al contribuţiei pozitive la lume.

SIMBOL ÎN FRANCMASONERIE

Ciocanul, ca simbol în francmasonerie, transmite un mesaj profund referitor la necesitatea şi importanţa muncii personale şi a efortului susţinut în călătoria iniţiatică a unui Francmason.

Acest simbol aduce în prim-plan următoarele înţelesuri:

1. *Efortul şi angajamentul personal*

Ciocanul sugerează că dorinţele şi intenţiile noastre sunt importante, dar pentru a le transforma în realitate, este necesar să depunem efort.

În viaţă, nu putem realiza nimic semnificativ fără muncă asiduă şi determinare.

Ciocanul îi îndeamnă pe Masoni să fie hotărâţi şi dedicaţi în munca lor spirituală şi morală.

2. *Construirea caracterului*

Aşa cum ciocanul este folosit pentru a modela şi netezi suprafaţa pietrei brute, tot aşa, Masonii sunt chemaţi să-şi modeleze şi să-şi îmbunătăţească propriul caracter.

Ciocanul reprezintă instrumentul prin care se elimină asperitățile și imperfecțiunile din sine, pentru a ajunge la o formă mai bună și aproape de perfecțiune în dezvoltarea personală.

3. *Transformarea visurilor în realitate*

Ciocanul simbolizează trecerea de la planificarea și dorința inițială la acțiunea concretă. În francmasonerie, se învață că nu este suficient

să visezi la obiective nobile; trebuie să acţionezi şi să munceşti pentru a le atinge.

Ciocanul aminteşte Masonilor că ei sunt constructori ai propriilor vieţi şi că trebuie să-şi desăvârşească drumul spre lumină şi înţelepciune.

4. Egalitatea în faţa muncii

Simbolul ciocanului sugerează că în munca spirituală, toţi Masonii sunt egali în faţa efortului şi a angajamentului personal.

Nu contează rangul sau statutul în societate, ci cât de multă muncă și dedicare depune fiecare individ.

În Lojă, toți Masonii au aceeași șansă de a-și modela caracterul și de a progresa pe calea inițiatică.

În concluzie, ciocanul este un simbol complex în francmasonerie, reprezentând nu doar muncă fizică, ci și muncă asupra sinelui, efortul depus pentru a atinge obiective nobile și angajamentul în calea dezvoltării personale.

Este un mod de reamintire constantă pentru Masoni că succesul și evoluția lor depind în mare măsură de munca și dedicarea lor în construirea unui caracter nobil și în dezvoltarea spiritului lor.

ÎNȚELESURI ȘI MESAJ

Simbolul ciocanului, în contextul francmasoneriei, transmite o învățătură profundă despre autodezvoltare și transformare personală.

Prin analogie cu ciocanul folosit pentru a netezi neregularitățile de pe o piatră brută, ciocanul sugerează următoarele înțelesuri:

1. Corectarea sinelui

Ciocanul ne amintește că, pentru a deveni

persoane mai bune, trebuie să începem prin a ne confrunta cu propriile noastre imperfecțiuni și neregularități.

Așa cum mâinile meșterului folosesc ciocanul pentru a îndepărta asperitățile de pe piatră, Masonii trebuie să se autoanalizeze și să lucreze la corectarea propriilor lor defecte și greșeli.

2. Procesul de auto-îmbunătățire

Asemenea pietrei brute care devine o piatră cubică perfectă prin muncă și atenție, Masonii sunt chemați să lucreze la propria lor dezvoltare personală.

Ciocanul simbolizează eforturile constante de a elimina imperfecțiunile din caracterul lor, astfel încât să devină persoane mai bune și mai nobile.

3. Autodisciplina și autocontrolul

Ca și meșterul care manevrează ciocanul cu precizie pentru a obține rezultate optime, Masonii trebuie să exerseze autodisciplina și autocontrolul pentru a-și modela caracterele.

Ciocanul le amintește că atingerea stării de calm, liniște și raționalitate în comportamentul lor necesită efort și perseverență.

4. Progresul pe calea luminii

În francmasonerie, Lumina este un simbol puternic al înțelepciunii și cunoașterii.

Ciocanul sugerează că, prin corectarea și netezirea sinelui, Masonii pot progresa pe calea către această Lumină.

Schimbările interioare pe care le obțin prin munca asupra lor îi pregătesc pentru a atinge nivele superioare de înțelegere și evoluție spirituală.

În concluzie, simbolul ciocanului din francmasonerie subliniază că autodezvoltarea și transformarea personală sunt procese esențiale în viața unui Francmason.

Prin autoanaliză, autodisciplină și munca asupra propriilor defecte, Masonii își modelează caracterul

și devin pregătiți să progreseze pe calea luminii și a înțelepciunii. Acest simbol amintește că schimbările interioare aduc cu sine evoluție și iluminare.

SIMBOL AL DEZVOLTĂRII PERSONALE ȘI MORALE

Analizând simbolismul ciocanului și legătura sa cu comportamentul calm și rațional, putem să ne concentrăm pe aspecte importante ale dezvoltării personale și morale în cadrul francmasoneriei.

1. Controlul ambițiilor

Ambiția poate fi o forță motivatoare pentru a atinge succesul, însă trebuie gestionată cu înțelepciune.

În cadrul francmasoneriei, se subliniază importanța controlului asupra ambițiilor. Francmasonii sunt încurajați să-și dezvolte ambițiile în limitele moralității și eticii. Aceasta implică conștientizarea drepturilor și sentimentelor celorlalți și evitarea acțiunilor care ar putea să îi prejudicieze pe cei din jur pentru propriul beneficiu.

2. Iubirea și respectul față de aproape

Francmasoneria învață membrii săi să aprecieze calitățile morale ale celor din jur și să trateze fiecare individ cu respect și iubire.

Cu ciocanul ca simbol al muncii și îmbunătățirii personale, francmasonii sunt îndemnați să contribuie la construirea unei comunități bazate pe bunătate și înțelegere.

3. *Stăpânirea furiei*

Furia este o emoție puternică care poate avea consecințe negative asupra relațiilor și comportamentului.

Francmasonii sunt îndemnați să învețe să-și stăpânească furia și să abordeze situațiile cu calm

și rațiune.

Aceasta abordare promovează dialogul și rezolvarea pașnică a conflictelor în cadrul comunității masonice și în viața de zi cu zi.

4. Invidia

Invidia este o emoție distructivă care poate să ducă la resentimente și tensiuni. Francmasonii sunt încurajați să se păzească de invidie și să înțeleagă că fiecare individ are propriile sale calități și realizări.

În loc să simtă invidie, ei sunt încurajați să aprecieze și să susțină succesul și dezvoltarea celorlalți membri ai comunității masonice.

5. Evitarea răzbunării și a ranchiunei

Răutatea și răzbunarea sunt sentimente care pot eroda armonia și pacea într-o comunitate.

Prin practicarea principiilor francmasoneriei, membrii învață să renunțe la răutate și să evite răzbunarea. Ei înțeleg că aceste sentimente distructive nu sunt compatibile cu valorile fraterne și că prietenia și iubirea față de aproapele sunt fundamentale pentru frăția masonică.

Simbolul ciocanului în francmasonerie ne amintește că dezvoltarea personală și morală este un aspect esențial al călătoriei masonice.

Controlul ambițiilor, stăpânirea furiei și evitarea invidiei sunt valori importante promovate de francmasonerie pentru a construi o comunitate de oameni dedicați principiilor etice și morale.

Prin aplicarea acestor principii în viața de zi cu zi, Masonii aspiră la o viață mai echilibrată și plină de înțelepciune.

În esență, francmasoneria încurajează dezvoltarea unor caractere morale și etice superioare și îndeamnă membrii să trăiască în armonie cu aceste principii.

Prin învățarea stăpânirii emoțiile negative și cultivarea virtuților, francmasonii contribuie la crearea unei lumi mai bune și la promovarea valorilor de iubire, respect și înțelegere față de cei din jur.

SIMBOL AL VIEȚII MASONICE

Ciocanul reprezintă în mod simbolic multe aspecte ale vieții masonice și ale parcursului inițiatic.

Iată cum se dezvoltă aceste idei:

1. Modul de viață al unui francmason

Ciocanul din panoplia uneltelor Lojii simbolizează modul de viață pe care un francmason autentic ar trebui să îl adopte.

Acest mod de viață implică muncă asiduă, autoîmbunătățire constantă și contribuție la dezvoltarea morală și spirituală a comunității.

Ciocanul amintește membrilor că, la fel ca în lucrul lor în Lojă, trebuie să continue să lucreze la modelarea și îmbunătățirea propriilor caractere.

2. *Ciocanul Maestrului Venerabil*

Ciocanul Maestrului Venerabil simbolizează autoritatea și responsabilitatea acestuia în Lojă.

Transmiterea ciocanului de la fostul Maestru Venerabil la cel nou ales reprezintă un act de încredere și recunoaștere a noului lider. Acesta preia atât onoarea, cât și sarcina de a ghida și conduce Loja.

Este o ilustrare a principiului francmasonic al transmiterii învățăturii și responsabilității de la o generație la alta.

3. *Ciocanul ca simbol hermetic*

Referința la Hermes Trismegistul sugerează ideea că ceea ce se întâmplă în planul material are paralele și în planul spiritual sau metafizic.

Ciocanul înseamnă că, în esență, principiile care ne ghidează în viața de zi cu zi se aplică și în căutarea spirituală și în dezvoltarea morală.

Ideea *"ce este jos este și sus"* subliniază conexiunea dintre lumea profană și cea spirituală, și importanța aplicării înțelepciunii și în planurile superioare ale existenței.

În concluzie, ciocanul reprezintă mult mai mult decât o unealtă fizică.

Este un simbol profund ce amintește francmasonilor de angajamentul lor de a trăi respectând valorile morale, de a conduce cu înțelepciune și a continua căutarea înțelepciunii în viața cotidiană și în planurile spirituale. Este un simbol al responsabilității, muncii asidue şi al conexiunii dintre lumea materială şi cea spirituală, care joacă un rol esenţial în învăţăturile şi practicile francmasonice.

Este esenţială înţelegerea atât a formei, cât şi a semnificaţiei diferitelor tipuri de ciocane folosite în cadrul ritualurilor masonice.

Diverse modificări sau înlocuiri între aceste simboluri trebuie evitate pentru a păstra autenticitatea şi învăţăturile transmise de-a lungul generaţiilor în Lojile masonice.

Această atenţie la detaliile simbolice contribuie la menţinerea integrităţii şi coerenţei în cadrul francmasoneriei, ajutând membrii să înţeleagă şi să îmbrăţişeze valorile şi tradiţiile acestei comunităţi în continuă evoluţie.

DALTA

DESCRIERE GENERALĂ

Dalta este o unealtă semnificativă în masonerie, iar înţelegerea semnificaţiei sale simbolice este esenţială pentru fraţii masoni. Asemenea altor instrumente şi unelte din atelierul masonic, dalta a suferit o evoluţie în timp, atât din punct de vedere al formei, cât şi al utilizării.

Pentru a dezvolta o înţelegere profundă a simbolismului daltei, este important să examinăm originea şi rolul său în istoria francmasoneriei.

În timpul excavărilor arheologice au fost descoperite dălţi care atestă o utilizare intensă şi îndelungată a acestei unelte, precum şi o evoluţie a caracteristicilor acesteia în timp.

Astfel s-a constatat perfecţionarea dălţii prin adaptarea sa la diferite activităţi specializate, precum despicarea blocurilor de piatră, cioplirea, îndreptarea, şlefuirea brută şi găurirea, printre altele.

Evoluţia dălţii a continuat şi în perioada Evului Mediu, când au apărut categorii specializate în funcţie de scopul urmărit.

Semnificația simbolică a dălții în francmasonerie poate fi interpretată în mai multe moduri. În primul rând, dalta reprezintă procesul de eliminare a imperfecțiunilor și a asperităților din piatra brută.

În cadrul Lojilor, piatra brută este adesea asociată cu individul, iar utilizarea acestei unelte sugerează că fiecare membru trebuie să lucreze asupra propriei sale imperfecțiuni și să își îmbunătățească caracterul pentru a deveni o persoană mai bună.

Pe de altă parte, dalta reprezintă și puterea de a modela și de a forma, așa cum un sculptor modelează își modelează propria creație dintr-un bloc brut de piatră.

Aceasta sugerează că fiecare mason are puterea de a-și modela propriul destin și de a-și crea viața așa cum dorește prin efort și disciplină personală.

De asemenea, dalta amintește masonilor de necesitatea perfecționării lor continue prin muncă susținută în cadrul Lojii.

Această unealtă este un simbol al angajamentului față de propria dezvoltare spirituală și morală, precum și față de comunitatea masonică în ansamblu.

În concluzie, dalta reprezintă un simbol important în francmasonerie, care subliniază importanța muncii individuale, eliminarea imperfecțiunilor și angajamentul pentru creșterea personală și dezvoltarea morală.

Este o amintire constantă pentru fiecare mason să-și modeleze propria viață și să contribuie la construirea unei Loji mai bune și a unei comunități masonice mai puternice.

Dălțile utilizate pentru cioplirea pietrei în masonerie sunt obiecte de o importanță semnificativă, fiecare având propria lor semnificație simbolică. Înțelegerea corectă a acestor unelte este esențială pentru masonii angajați în munca simbolică și ritualistică.

Un aspect important de menționat este faptul că dălțile folosite în masonerie pentru cioplirea pietrei sunt confecționate în întregime din metal. Acest aspect este semnificativ, deoarece se diferențiază de dălțile folosite de dulgheri, care aveau o coadă din lemn; subliniază specializarea și unicitatea uneltelor folosite în atelierele de piatră, unde masonii operativi și-au desfășurat activitatea.

În ceea ce privește utilizarea dălților cu coadă de lemn în cadrul Lojilor masonice, aceasta reprezintă o abatere de la adevărul istoric și tradiție.

Aceste dălți nu au fost folosite de cioplitorii în piatră și aduc confuzie în interpretarea simbolică corectă a instrumentelor masonice.

Astfel de utilizări incorecte se pot datora fie necunoașterii, fie unei interpretări exagerate sau inexacte a simbolismului instrumentelor masonice.

Cu toate acestea, există exemple rare de dălți cu coadă de lemn realizate de vechi francmasoni, precum S. J. Addes, care a fost Maestrul Venerabil al unei Loji din Londra în anul 1860. Aceste dălți cu coadă de lemn pot fi considerate curiozități sau excepții, dar ele nu reflectă utilizarea autentică a dălților în cadrul masoneriei tradiționale.

În concluzie, este important să respectăm tradiția și simbolismul autentic al uneltelor masonice, inclusiv al dălților, pentru a păstra integritatea și înțelegerea corectă a ritualurilor și alegoriilor masonice.

Utilizarea dălților cu coadă de lemn poate fi interpretată ca o abatere de la această tradiție și ar trebui evitată în cadrul Lojilor masonice.

Dalta este o unealtă esențială în arta cioplirii pietrei, și are o semnificație profundă în cadrul masoneriei, deoarece este una dintre uneltele fundamentale ale ritualurilor și alegoriilor masonice.

Dalta este folosită pentru a ciopli piatra brută într-un mod precis și controlat. Capul metalic al dălții este teșit în formă de ciupercă pentru a reduce deteriorarea ciocanului atunci când este folosită.

Această daltă cu cap de tip ciupercă este specifică Ucenicului francmason și este una dintre uneltele sale fundamentale.

SIMBOL AL MUNCII ASIDUE

Semnificația dălții în masonerie este profund simbolică.

În timpul ritualurilor și alegoriilor, cioplitorul (reprezentând Ucenicul) utilizează dalta și ciocanul pentru a îndepărta surplusul de pe piatra brută. Această acțiune combinată a ciocanului și a dălții are ca scop perfecționarea și șlefuirea pietrei brute până când aceasta devine un cub perfect, reprezentând aspirația masonului către perfecțiune spirituală și morală.

Din această perspectivă, dalta și ciocanul devin unelte inseparabile, simbolizând procesul de autoîmbunătățire și perfecționare prin muncă asiduă și disciplină. La fel cum ciocanul reprezintă efortul și munca, dalta reprezintă precizia și atenția la detalii în calea către atingerea perfecțiunii, un obiectiv important în cadrul masoneriei.

Astfel, dalta devine un simbol puternic al muncii asidue, a perseverenței și a căutării constante a cunoașterii și perfecțiunii în cadrul masoneriei.

SIMBOL AL PROCESULUI DE TRANSFORMARE

Dalta are o semnificație profundă în contextul masoneriei și reprezintă un simbol al procesului de autoîmbunătățire și transformare a individului. Prin analogie, așa cum cioplitorul modelează piatra brută într-o formă perfectă, masonii sunt îndemnați să modeleze și să perfecționeze propriile lor caracteristici, eliminând imperfecțiunile și comportamentele grosolane.

Dalta, în acest sens, reprezintă instrumentul prin care individul trebuie să taie și să elimine din adâncul sufletului său tot ceea ce este nepotrivit și imperfect. Acest proces trebuie să fie realizat cu precizie și conștiență, asemenea dălții care îndepărtează bucăți de piatră din blocul brut. Și așa cum orice bucățică smulsă din piatră este îndepărtată definitiv, acest proces presupune un angajament serios și o decizie fermă de a renunța la aspectele negative și neadevărate ale sinelui.

Dalta, ca instrument de realizare a acestei operații de cioplire interioară, simbolizează voința individului de a se autodepăși și de a se perfecționa. Cu toate acestea, procesul nu este unul oarecare; este esențial să cunoaștem cu exactitate defectele pe care dorim să le îndepărtăm, precum și să fim selectivi în această acțiune. Asemenea bisturiului unui chirurg, dalta trebuie să fie folosită cu precauție și precizie, astfel încât să îndepărteze numai părțile negative ale caracterului și să nu afecteze aspectele bune și autentice ale sinelui.

Dalta reprezintă o metaforă puternică pentru procesul de autocurățare și transformare a individului în cadrul masoneriei. Este un simbol al voinței de a elimina imperfecțiunile, de a atinge perfecțiunea morală și spirituală și de a deveni un om mai bun și mai autentic.

Asociind dalta cu procesul de tăiere a pietrei brute pentru a dezvălui o capodoperă, putem înțelege că la fel cum sculptorul creează opere de artă dintr-un bloc de piatră brută, gândirea noastră poate fi transformată și rafinată prin educație și dezvoltare personală.

La fel ca diamantul brut care necesită șlefuire pentru a-și dezvălui adevărata frumusețe, gândirea noastră inițială poate fi necioplită și neșlefuită.

Educația și cultivarea ideilor pot aduce lumină și

claritate gândurilor noastre, permiţându-ne să evoluăm dintr-un stadiu de ignoranţă într-o persoană civilizată şi raţională. Acest proces de transformare este similar cu modul în care dălţile sculptorului dezvăluie frumuseţea ascunsă a pietrei brute.

Prin educaţie şi dezvoltare personală, fiecare Ucenic îşi poate dezvălui adevăratul potenţial şi în timp i se va recunoaşte valoarea. Aşa cum diamantul brut devine o bijuterie preţioasă prin şlefuire, gândirea noastră poate deveni mai clară şi mai ascuţită prin eforturile noastre de auto-îmbunătăţire. Astfel, putem contribui la lărgirea orizonturilor cunoaşterii umane şi la progresul societăţii.

DALTA ŞI CIOCANUL

Dalta şi ciocanul, două unelte fundamentale în masonerie, simbolizează etapele iniţiale ale evoluţiei unui Ucenic şi drumul său spre perfecţiunea interioară. Aceste unelte reprezintă începutul procesului de dezvoltare personală şi de transformare a caracterului, care este central în învăţăturile masonice.

Ucenicul îşi începe lucrarea în francmasonerie asemenea unui artist care primeşte blocul de piatră brută pentru a-l sculpta şi a-l modela într-o capodoperă. La fel cum ciocanul şi dalta reprezintă instrumentele de bază ale sculptorului, ele devin simbolurile acţiunilor, eforturilor şi acţiunilor pe care Ucenicul le întreprinde pentru a-şi perfecţiona caracterul şi pentru a-şi dezvolta potenţialul interior.

Prin muncă asiduă, auto-reflecţie şi învăţare continuă, Ucenicul progresează pe calea sa spre evoluţie spirituală şi morală. Piatra brută, iniţial nefinisată, devine treptat şlefuită, reprezentând creşterea şi dezvoltarea sa ca individ.

Progresul şi transformarea interioară sunt recunoscute în Lojă prin prezentarea unei pietre şlefuite, care simbolizează evoluţia şi calificarea Ucenicului pentru un Spor de Salariu - o recompensă

spirituală și morală pentru munca depusă.

Astfel, dalta și ciocanul în francmasonerie sunt simboluri puternice ale muncii asidue pe calea dezvoltării personale și a căutării perfecțiunii.

Aceste unelte reprezintă devotamentul Ucenicului în căutarea cunoașterii și îmbunătățirii de sine, și în cele din urmă, îl califică pentru a contribui în mod semnificativ la progresul și luminarea societății.

Dalta și ciocanul din ritualurile masonice reprezintă un set de simboluri complexe și profunde care aduc învățăminte esențiale pentru evoluția personală a unui Francmason. În acest context, Ucenicul învață să muncească, în primul rând, asupra propriei persoane și a caracterului său.

Prin intermediul dălții și a ciocanului, Ucenicul este încurajat să se autoevalueze și să-și corecteze neregularitățile majore din propriul său caracter.

Acest proces de autoreflecție și auto-îmbunătățire este fundamental în masonerie, deoarece îl ajută pe Francmason să devină o persoană mai bună și să atingă o mai mare înțelegere a sinelui său.

Pe măsură ce Ucenicul învață să se îmbunătățească pe sine, el devine conștient de importanța conexiunii dintre inteligența sa și lumea din jurul său.

Dalta și ciocanul simbolizează instrumentele prin care el poate acționa asupra lumii exterioare pentru a contribui la perfecționarea acesteia.

Astfel, aceste simboluri îl învață pe Ucenic că munca asupra propriei persoane este primordială în călătoria sa inițiatică, iar apoi, utilizând această experiență și înțelepciune dobândită, el poate influența și îmbunătăți lumea din jur.

Este o lecție profundă despre auto-descoperire și responsabilitatea față de societate, care face parte din fundamentul învățăturilor masonice.

ECHERUL ȘI COMPASUL

ECHERUL ȘI COMPASUL CA SIMBOLURI MASONICE UNITE

Echerul și compasul sunt două simboluri masonice fundamentale care apar împreună în francmasonerie.

Acestea reprezintă unul dintre cele mai recunoscute și profunde aspecte ale tradiției masonice și au o semnificație bogată.

Iată o dezvoltare a semnificației și a relației dintre aceste două simboluri:

- Echerul și compasul sunt adesea văzute ca simboluri complementare care se întregesc reciproc.

  Echerul este reprezentat ca un obiect rigid și rectiliniu, folosit pentru a măsura și a crea linii drepte și unghiuri precise.

- Compasul, pe de altă parte, este un instrument cu două brațe mobile care se deschid și se închid, fiind utilizat pentru a crea cercuri și pentru a măsura distanțe circulare.

Prin urmare, aceste două unelte simbolizează armonia dintre liniile drepte și cercuri, adică între ordine și natură.

ECHERUL ȘI COMPASUL CA SIMBOLURI COMPLEMENTARE

Simbolismul ordinii și al naturalului

Echerul, cu liniile și unghiurile sale precise, reprezintă ordinea, structura și raționalitatea.

Aceasta sugerează necesitatea disciplinei și a respectării regulilor în viața masonică.

Pe de altă parte, compasul, cu forma sa mobilă, reprezintă natura și ciclurile sale, evocând simbolul cercului, care este considerat în francmasonerie ca un simbol al unității, a infinitului și a echilibrului.

Unitatea și fraternitatea

Echerul și compasul sunt deseori asociate cu simbolul francmasonic al "punctului în centru", unde punctul reprezintă indivizibilul, iar centrul indică unitatea și fraternitatea dintre masoni.

În acest sens, simbolurile acestea subliniază ideea că, în ciuda diferențelor și diversității, toți masonii sunt uniți în căutarea luminii și în angajamentul lor față de valorile masonice.

Măsura și Limita

Echerul și compasul reprezintă și conceptul de măsură și limită în viața masonică.

Ele ne amintesc că trebuie să ne măsurăm acțiunile, cuvintele și gândurile conform standardelor morale și etice ale francmasoneriei.

Cele două instrumente ne îndeamnă să ne cunoaştem propriile limite şi să ne străduim să le depăşim pentru a deveni oameni mai buni.

Simboluri ale progresului

În timpul ritualurilor masonice, echerul şi compasul sunt deseori utilizate pentru a marca etapele progresului unui mason prin gradul Masonic pe care îl deţine.

Ele simbolizează căutarea continuă a luminii şi a cunoaşterii, îndemnând fiecare mason să-şi extindă înţelegerea şi să evolueze pe calea lor iniţiatică.

În concluzie, echerul şi compasul ca simboluri masonice unite reprezintă unitatea, echilibrul dintre ordine şi natură, precum şi angajamentul faţă de măsură şi limită în viaţa masonică.

Aceste simboluri adânci şi puternice contribuie la tradiţia şi semnificaţia francmasoneriei şi sunt adesea recunoscute ca un reper vizual al acestei venerabile frăţii.

ECHERUL ŞI COMPASUL ÎN RELAŢIE CU MATERIA

În relaţie cu materia şi în contextul simbolismului masonic, echerul şi compasul pot fi văzute ca reprezentând două moduri diferite de interacţionare şi abordare a acesteia.

Această perspectivă poate fi dezvoltată astfel:

- *Echerul ca instrument pasiv*

Echerul este deseori perceput ca un instrument pasiv în raport cu materia.

Acesta este utilizat pentru a măsura și a verifica corectitudinea unui unghi sau pentru a marca liniile drepte.

Echerul servește ca un punct fix de referință, oferind o măsură constantă și stabilă. În acest sens, echerul poate fi asociat cu ideea de ordine,

reguli şi structură în raport cu materia.

El simbolizează respectarea unor principii constante şi neschimbate în abordarea muncii cu materia.

- *Compasul ca instrument activ*

Pe de altă parte, compasul este considerat un instrument activ în ceea ce priveşte materia.

Acesta este folosit pentru a trasa cercuri, pentru a explora forme şi proporţii şi pentru a adapta gândirea în funcţie de cerinţele specifice

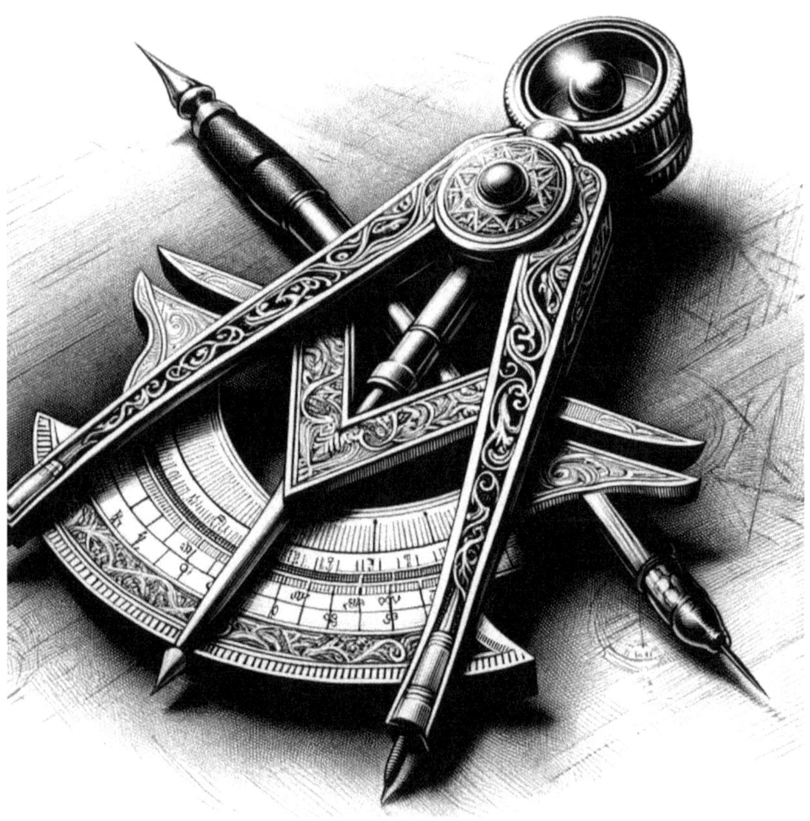

ale proiectului sau obiectului de lucru.

Compasul reprezintă dorința de a explora și a înțelege materia în mod dinamic, pentru a-i descoperi potențialul și a-l modela conform intențiilor masonului.

Acest aspect activ al compasului se poate lega de conceptele de creativitate, adaptabilitate și căutare a cunoașterii în raport cu materia.

În concluzie, echerul și compasul, în contextul relației cu materia, pot fi percepute ca simboluri ale abordărilor diferite ale masonilor.

Echerul reprezintă stabilitatea și ordinea în raport cu materia, în timp ce compasul reprezintă activitatea și explorarea dinamică a acesteia.

Această dualitate oferă masonilor un cadru bine definit pentru a înțelege modul în care se lucrează cu materia în cadrul ritualurilor și prin simbolistica masonică.

ECHERUL ÎN FRANCMASONERIE

Echerul este unul dintre simbolurile esențiale în francmasonerie și are o semnificație profundă și bogată.

Termenul provine din limba latină, unde *"exquadra"* și *"exquadrare"* semnifică *"a ciopli în unghi drept"*.

Iată o dezvoltare a semnificației și simbolismului

echerului în francmasonerie:

- *Reprezentarea justiţiei şi echităţii*

Unul dintre sensurile fundamentale ale echerului în francmasonerie este reprezentarea justiţiei şi echităţii.

Echerul este asociat cu măsurarea şi cioplirea în unghi drept, ceea ce sugerează corectitudinea şi dreptatea în toate acţiunile şi judecăţile masonilor.

Aceasta ne aminteşte că toate acţiunile noastre trebuie să fie conforme cu standardele morale şi etice.

- *Simbolismul unităţii*

Echerul este alcătuit din două linii, una orizontală şi una verticală, care se intersectează în unghi drept.

Intersectare a liniilor sugerează unitatea şi echilibrul dintre diferitele aspecte ale vieţii şi ale universului, transmiţând membrilor frăţiei un îndemn să caute armonia şi echilibrul în tot ceea

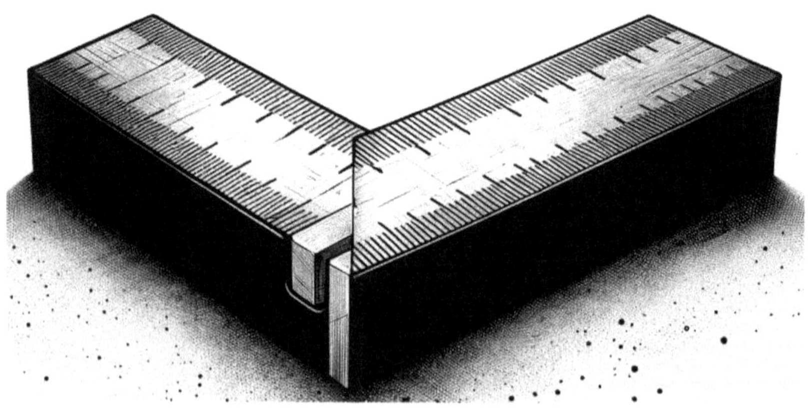

ce fac.

- *Static și Dinamic*

Echerul poate avea două interpretări în funcție de cum este reprezentat.

Dacă este reprezentat în mod simetric, cu laturi egale, el sugerează echilibru și stabilitate.

Cu toate acestea, dacă echerul este reprezentat într-o formă asimetrică, cu laturi inegale sau așezat pe o latură, poate sugera dinamism și mișcare.

Această dualitate reflectă faptul că viața și învățarea masonică sunt în permanență în evoluție și că masonii trebuie să fie deschiși la schimbare și dezvoltare constantă.

- *Îndemn la perfecțiune*

Echerul reprezintă și ideea de perfecțiune. Într-un sens, cioplirea pietrei brute în unghi drept sugerează că masonii trebuie să-și șlefuiască propriile lor imperfecțiuni pentru a atinge o formă

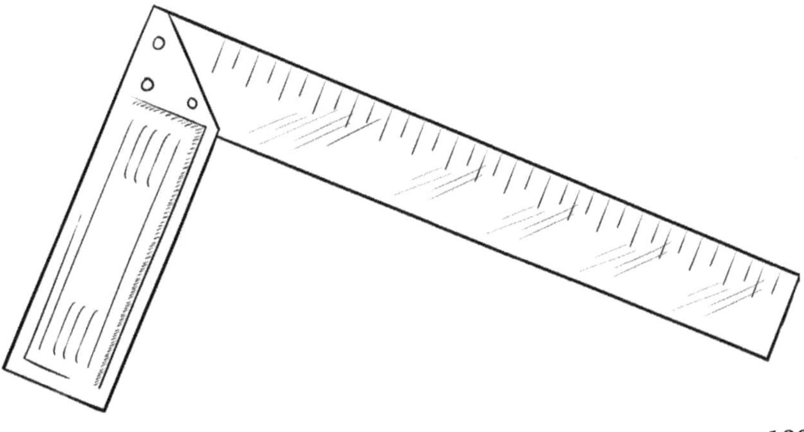

perfectă, simbolizată prin unghiul drept.

Acesta este un îndemn pentru fiecare mason să lucreze la propria lui dezvoltare şi să aspire la perfecţiune.

* *Măsurarea şi evaluarea*

Echerul este, de asemenea, folosit pentru a măsura şi evalua diferite aspecte ale vieţii şi ale cunoaşterii, reprezentând capacitatea masonilor de a evalua cu precizie, de a face judecăţi corecte şi de a lua decizii informate.

În concluzie, echerul este un simbol masonic puternic şi profund, care reprezintă justiţia, echitatea, unitatea, perfecţiunea şi capacitatea de a măsura şi evalua cu precizie.

Este o componentă importantă în tradiţia masonică şi un reper vizual pentru angajamentul masonilor faţă de valorile lor.

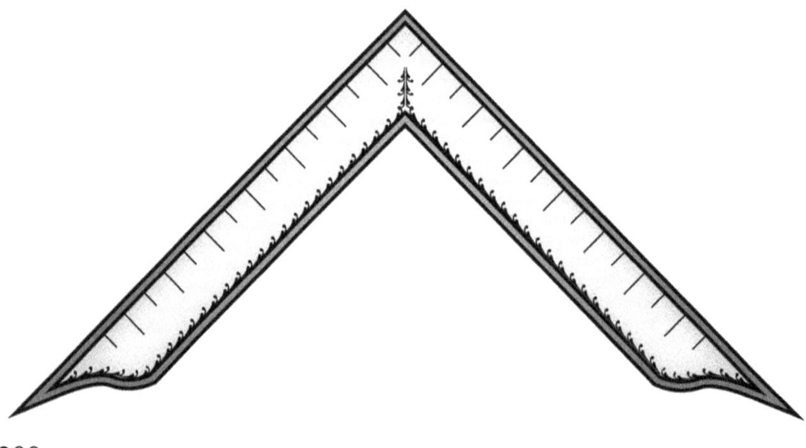

COMPASUL ÎN FRANCMASONERIE

Compasul este un simbol masonic deosebit de important, având o semnificație și un simbolism complex:

- *Simbol al gândirii și evoluției*

Compasul este considerat în francmasonerie ca o reprezentare a gândirii umane care evoluează.

Mișcarea brațelor compasului sugerează ideea că gândirea și cunoașterea umană se dezvoltă și se extind pe măsură ce individul învață și se dezvoltă.

Acest simbol încurajează masonii să-și dezvolte constant intelectul și să caute înțelegerea în profunzime.

- *Capacitatea de a măsura și compara*

Compasul are o funcție esențială de măsurare și comparație.

În cadrul francmasoneriei, acesta simbolizează abilitatea de a evalua și compara diferite aspecte ale vieții și ale cunoașterii.

Masonii sunt încurajați să fie critici și să-și folosească discernământul pentru a face judecăți informate.

- *Simbol al corectitudinii și convingerii*

Apropierea și departarea brațelor compasului pot reprezenta moduri diferite de gândire.

Compasul sugerează faptul că gândirea poate

varia între a fi generoasă şi largă sau a fi strânsă şi exactă, dar întotdeauna trebuie să fie corectă şi convingătoare.

Acest simbol încurajează masonii să-şi exprime gândurile şi convingerile în mod clar şi persuasiv.

- *Infinit într-un spaţiu finit*

Compasul oferă ideea unui infinit într-un spaţiu finit, sugerând că înţelegerea şi cunoaşterea sunt infinite, iar masonii sunt îndemnaţi să continue să caute cunoaşterea în tot ceea ce fac.

Compasul aminteşte că există întotdeauna mai mult de învăţat şi de descoperit.

• *Simbol al relativităţii*

Compasul este adesea considerat un simbol al relativităţii.

Apropierea şi depărtarea braţelor simbolizează relaţiile şi conexiunile dintre diferite aspecte ale vieţii şi ale cunoaşterii.

Acesta sugerează că totul este relativ şi că înţelegerea poate varia în funcţie de perspectivă şi context.

În concluzie, compasul este un simbol masonic profund care reprezintă evoluţia gândirii, capacitatea de măsurare şi comparaţie, corectitudinea şi convingerea, infinitul într-un spaţiu finit şi relativitatea în cunoaştere.

Este un reper esenţial în tradiţia masonică şi încurajează masonii să aspire la dezvoltare intelectuală şi morală continuă.

CERCUL REALIZAT CU AJUTORUL COMPASULUI

Cercul realizat cu ajutorul compasului este cea dintâi figură ce poate fi trasată cu ajutorul acestui instrument. Cercul şi compasul au o semnificaţie profundă în francmasonerie şi pot fi interpretate în mai multe moduri, inclusiv în legătură cu simbolismul solar.

Iată o dezvoltare a semnificației acestei asocieri:

- *Cercul ca simbol solar*

Este adesea asociat cu simbolismul solar întrucât reprezintă un cerc complet, fără început sau sfârșit.

Soarele este o sursă de lumină și viață esențială pentru Pământ, iar cercul poate fi văzut ca o reprezentare a acestei lumini și a energiei sale nelimitate. În plus, cercul sugerează unitatea și echilibrul, aspecte importante ale simbolismului solar.

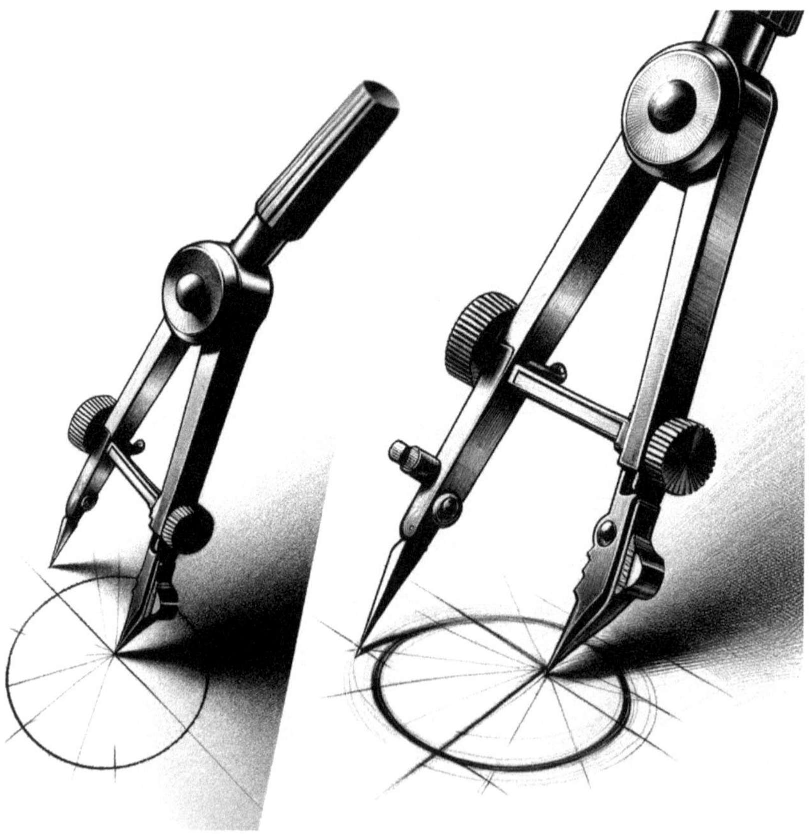

- *Compasul ca simbol al uneltei de măsurare*

Compasul este o unealtă de măsurare precisă, utilizată pentru a trasa cercuri perfecte.

Această abilitate de a trasa un cerc perfect sugerează că masonii aspiră la precizie și ordine.

În acest sens, compasul poate simboliza căutarea adevărului și a cunoașterii, la fel cum lumina solară oferă claritate și iluminare.

- *Infinitul și începutul*

Asocierea cercului cu centrul în vârful compasului poate fi văzută ca o reprezentare a conceptului de infinit și a începutului.

Cercul reprezintă infinitul, ceea ce nu are sfârșit, în timp ce centrul asociat cu varful compasului compasului simbolizează începutul sau originea.

Această combinație sugerează o legătură între tot ceea ce există și originea tuturor lucrurilor, amintind masonilor să caute înțelegerea și să exploreze tainele universului.

- *Unitate și armonie*

Cercul și compasul, în asociere, pot simboliza, de asemenea, ideea de unitate și armonie.

Cercul reprezintă perfecțiunea și echilibrul, iar compasul sugerează măsurarea și armonizarea diferitelor aspecte ale vieții.

Masonii sunt încurajați să caute unitatea în diversitate și să trăiască în armonie cu ei înșiși și cu ceilalți.

În concluzie, asocierea dintre cerc și compas în francmasonerie poate fi interpretată în mai multe feluri, inclusiv ca un simbol al luminii solare, al căutării adevărului și al unității și armoniei.

Această combinație reflectă complexitatea și profunzimea simbolismului masonic.

CONCLUZII

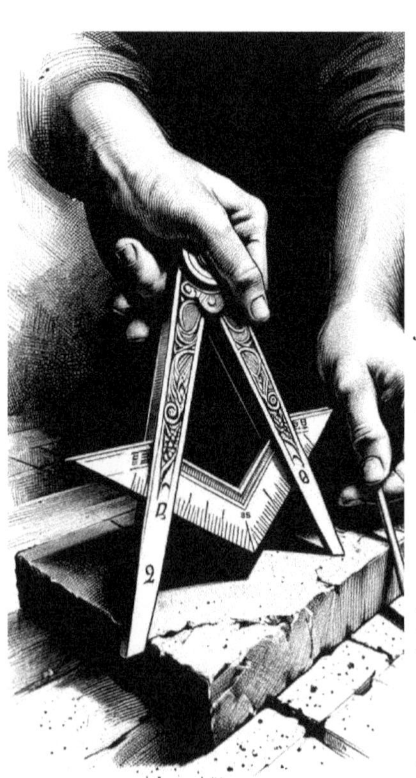

Concluzia referitoare la echer și compas în francmasonerie se bazează pe interpretările semnificației acestor instrumente și poate fi dezvoltată astfel:

• *Echerul ca instrument fix*

El reprezintă stabilitatea și regulile care ghidează comportamentul și acțiunile masonilor.

Echerul servește ca un punct de referință constant pentru măsurarea și evaluarea acțiunilor lor.

În acest sens, echerul poate fi asociat cu

principiile morale şi etice pe care masonii sunt îndrumaţi să le urmeze în mod constant.

* *Echerul ca instrument pasiv*

Echerul poate fi văzut ca un instrument pasiv în sensul că el nu este mobil şi astfel poate să ofere o măsură statică sau o referinţă fixă.

Nu se schimbă sau nu se mişcă în timpul utilizării, ceea ce poate sugera că principiile morale şi etice sunt constante şi neschimbate.

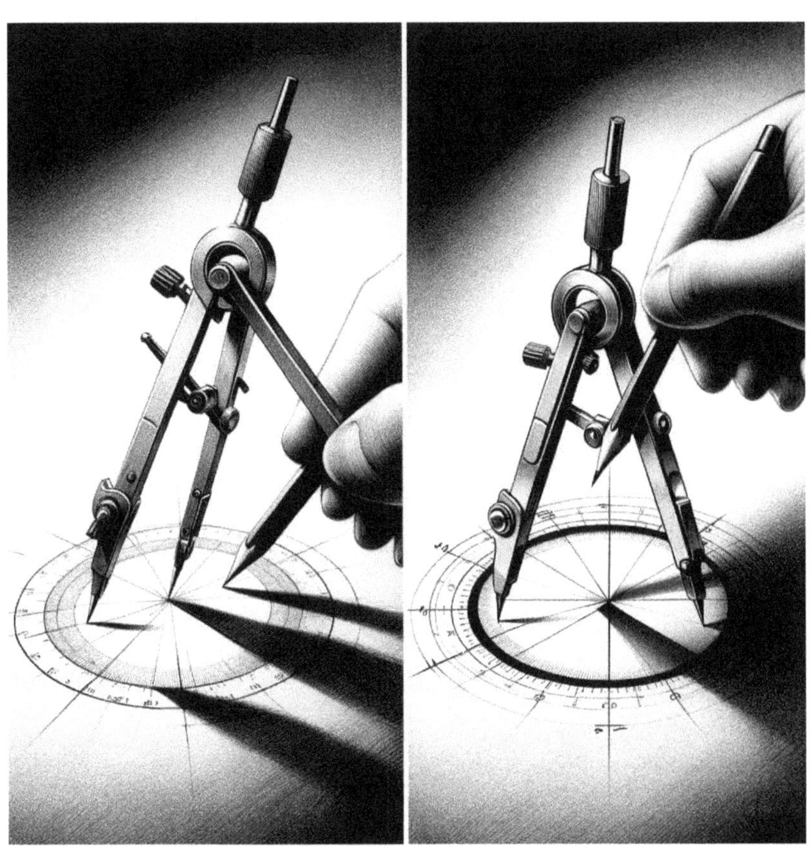

- *Compasul ca instrument mobil*

Acesta reprezintă dinamismul şi flexibilitatea gândirii masonilor în căutarea cunoaşterii şi a adevărului.

Compasul poate simboliza abilitatea masonilor de a se adapta la diferite situaţii şi de a-şi ajusta gândirea în funcţie de circumstanţe.

Această mobilizare a gândirii poate reprezenta dorinţa masonilor de a evolua şi de a căuta întotdeauna cunoaşterea şi perfecţiunea.

- *Compasul ca instrument activ*

Compasul este văzut ca un instrument activ deoarece este utilizat pentru a măsura şi a ajusta, pentru a trasa cercuri şi pentru a adapta gândirea.

Această activitate simbolizează dorinţa masonilor de a

căuta şi de a se perfecţiona în mod continuu.

În concluzie, echerul şi compasul în francmasonerie pot fi văzute ca reprezentând aspecte diferite ale gândirii şi acţiunilor masonilor.

Echerul simbolizează stabilitatea şi principiile constante, în timp ce compasul reprezintă dinamismul şi adaptabilitatea în căutarea adevărului şi a perfecţiunii.

Această dualitate a instrumentelor adaugă adâncime şi complexitate semnificaţiei lor în contextul masonic.

ETAPELE INIȚIERII

Ceremonia de Inițiere în Masonerie este un moment esențial atât în viața unui candidat în mod punctual, cât și în istoria Masoneriei în general.

Această ceremonie are o semnificație profundă și diferită în funcție de tradiția masonică și de ritualurile specifice.

Pornind de la cele două filoane bine conturate în Lanțul Masonic Universal, distingem doua direcții ale semnificației acestei Ceremonii masonice:

ÎN RITUALURILE DE TIP ANGLO-SAXON

În tradiția masonică de tip anglo-saxon, Inițierea are o semnificație principală legată de libera voință a candidatului.

Candidatul alege să intre în Ordin pe baza propriei sale dorințe și nu sub constrângere sau presiune externă.

Aceasta subliniază unul dintre principiile fundamentale ale Masoneriei, și anume libertatea individuală.

De asemenea, inițierea reamintește candidatului importanța păstrării secretului cu privire la învățăturile și simbolurile Masoneriei, ceea ce contribuie la caracterul misterios și distinctiv al Ordinului.

ÎN RITUALURILE DE TIP FRANCEZ ȘI SCOȚIAN

În contrast, ritualurile apărute pe teritoriul Franței și, inclusiv cele de tip scoțian, care sunt practicate de multe loji masonice, adaugă elemente ezoterice și inițiatice la Ceremonia de Inițiere.

Aceste elemente includ Călătoriile simbolice, Elementele fundamentale, Cabinetul de Reflecție și altele.

Aceste adăugiri extind semnificația Inițierii pentru a include o călătorie interioară a candidatului în căutarea cunoașterii și iluminării spirituale.

În această tradiție, Inițierea nu este doar un act formal de acceptare în Ordin, ci și o căutare a înțelepciunii și a înțelegerii mai profunde a sinelui și a lumii înconjurătoare.

Semnificația Inițierii în Masonerie poate varia în funcție de tradiția și ritualurile specifice ale unei Loji.

Indiferent de tradiție, Inițierea rămâne un moment deosebit de important și profund pentru candidat, marcând începutul unei călătorii de învățare, auto-descoperire și dezvoltare spirituală în cadrul Masoneriei.

ETAPELE PROCESULUI DE ADMITERE ȘI PROGRES ÎN FRANCMASONERIE

Procesul de admitere şi progres în francmasonerie implică mai multe etape, fiecare având o semnificaţie şi un scop distinct.

Aceste etape sunt esenţiale pentru dezvoltarea şi iniţierea candidatului în misterul Masoneriei şi pentru asigurarea că cei care sunt primiţi în Ordin înţeleg şi îmbrăţişează valorile şi principiile acestuia.

Iată o dezvoltare a celor trei etape menţionate:

A. PROFAN (sau Candidat)

Aceasta este prima etapă din procesul de admitere în francmasonerie.

Un bărbat care doreşte să devină mason depune o cerere şi trece printr-un proces de investigaţie şi aprobare.

În acest stadiu, el este considerat profan în sensul că nu a fost iniţiat şi nu are acces la învăţăturile şi secretele Masoneriei.

Ceremonia de Iniţiere este momentul în care acesta devine oficial Ucenic Francmason şi îşi depune Jurământul pe cele Trei Mari Lumini, angajându-se să respecte valorile şi obiectivele Masoneriei.

B. NEOFIT

Imediat ce candidatul a depus Jurământul şi a devenit Ucenic Francmason, el este numit neofit.

Această etapă este marcată în primul rând de asigurarea securităţii şi siguranţei secretelor iniţierii.

Neofitul începe să primească anumite informaţii şi sa acceadă la anumite secrete partiale.

După ce a trecut de toate etapele de verificare şi a confirmat dorinţa de a continua procedurile de iniţiere, deşi a depus Jurământul, el va rămâne neofit până în momentul în care Maestrul Venerabil îl admite (creează, constituie şi primeşte) ca Ucenic Francmason.

C. FRATE

Aceasta este cea de-a treia etapă a procesului de inițiere în francmasonerie.

Procesul de admitere în francmasonerie implică o serie de etape bine definite, fiecare având un scop specific în dezvoltarea și inițierea candidatului în misterele și învățăturile Masoneriei.

Aceste etape sunt menite să asigure că cei care devin Frați Francmasoni sunt pregătiți să îmbrățișeze valorile și responsabilitățile Masoneriei și să contribuie la scopurile și obiectivele acesteia.

STADIILE ADMITERII DE CĂTRE MAESTRUL VENERABIL

FRATE ADMIS

Un "Frate Admis" se referă la perioada de tranziție a unui individ în francmasonerie, începând din momentul admiterii sale ca Ucenic de către Maestrul Venerabil și continuând până la momentul proclamării recunoașterii sale oficiale de către membrii Lojii.

În această fază inițială, candidatul este acceptat formal în Loja, dar nu este încă recunoscut de ceilalți Frați ca un Francmason regular, deoarece nu a fost încă instruit în tainele și Arcanele Gradului de Ucenic.

Această perioadă este crucială în dezvoltarea și

evoluția sa masonică, deoarece marchează începutul călătoriei sale în lumea masonică, dar necesită și un proces de învățare și adaptare.

Candidatul este angajat într-un parcurs educațional, învățând principiile fundamentale ale francmasoneriei și cum să le integreze în viața sa.

Procesul de a deveni un Francmason regular este completat atunci când candidatul este instruit corespunzător în Arcanele Gradului de Ucenic și este oficial recunoscut și proclamat ca atare în cadrul Lojii.

Acest moment reprezintă nu doar recunoașterea oficială a statutului său, ci și acceptarea sa în comunitatea fraternă a francmasonilor, marcând începutul unei noi etape în dezvoltarea sa spirituală și personală în cadrul Lojii.

Perioada în care este numit "Frate Admis" este o etapă de inițiere și transformare, în care candidatul se familiarizează cu tradițiile și valorile masonice și începe să le incorporeze în viața sa, pregătindu-se pentru rolul și responsabilitățile sale ca Francmason regular.

FRATE RECUNOSCUT

Un "Frate Recunoscut" ca Francmason regular și membru activ al Lojii reprezintă un moment crucial în călătoria masonică personală.

Această recunoaștere oficială are loc atunci când Maestrul Venerabil, împreună cu cei doi Supraveghetori, îl proclamă în mod formal pe noul

Frate ca Francmason regular și membru activ cu drepturi depline al Lojii respective.

Aceasta nu este doar o recunoaștere a finalizării etapei inițiale de instruire, ci și o acceptare a noului Frate în comunitatea Lojii ca membru pe deplin integrat.

Pentru a fi recunoscut ca Francmason regular și membru activ al Atelierului, candidatul trebuie să parcurgă un proces de instruire riguros.

Acesta include comunicarea secretelor gradului de Ucenic, un pas esențial în procesul de inițiere. Instruirea este de obicei efectuată de către cel de Al Doilea Supraveghetor, care îi împărtășește cunoștințele și învățăturile necesare pentru a înțelege și a aplica principiile masonice.

După finalizarea acestei instruiri și după ce i s-au comunicat secretele gradului, noul Frate primește dreptul de a purta Șorțul de Ucenic.

Șorțul simbolizează statutul său în Lojă și reprezintă puritatea, dedicarea și angajamentul său față de principiile masonice.

Prin urmare, momentul în care un Frate este recunoscut ca Francmason regular și membru activ al Lojii reprezintă un punct de cotitură în viața sa masonică.

Acesta marchează tranziția de la statutul de inițiat la acela de membru pe deplin integrat, cu drepturi și responsabilități complete în cadrul Lojii.

Recunoașterea subliniază angajamentul și progresul

său în înțelegerea și aplicarea învățăturilor masonice, deschizându-i calea pentru continuarea călătoriei sale spirituale și personale în francmasonerie.

După ce un nou Frate a parcurs cu succes toate etapele inițierii în gradul de Ucenic, inclusiv recunoașterea oficială ca Francmason regular și membru activ al Lojii, el este pregătit să execute prima sa Lucrare masonică în calitate de Ucenic.

Aceasta reprezintă un moment important în călătoria sa masonică, simbolizând angajamentul său activ și

participarea efectivă în cadrul Lojii.

Prima Lucrare masonică a Ucenicului este de obicei de natură simbolică și marchează începutul călătoriei sale practice și aplicative în cadrul francmasoneriei.

După realizarea acestei lucrări, are loc un act simbolic profund: Testamentul Filosofic al Ucenicului este ars în flăcările purificatoare.

Ulterior, Maestrul Venerabil îi transmite Ucenicului învățăturile esențiale legate de virtutea întrajutorării.

Aceasta este o lecție fundamentală în francmasonerie, subliniind importanța sprijinului reciproc, a compasiunii și a fraternității între membrii Lojii.

Prin această învățătură, noul Frate este încurajat să dezvolte o conștientizare profundă a importanței contribuției personale la binele comun și la sprijinul oferit celorlalți membri ai comunității masonice.

Astfel, parcursul unui nou Frate spre realizarea primei sale Lucrări masonice de Ucenic și activitățile specifice pe care urmează să le deruleze în Lojă reprezintă o tranziție simbolică și practică esențială în dezvoltarea sa masonică.

Aceste etape nu numai că marchează progresul său în înțelegerea și aplicarea principiilor masonice, dar și îl pregătesc pentru o participare mai activă și semnificativă în activitățile și viața Lojii.

ETAPELE CEREMONIEI DE INIȚIERE

Le voi enumera pe scurt, apoi voi aborda cu detalii pe fiecare dintre ele.

- Pregătirea candidatului pentru primirea în Templu.

- Verificarea candidatului.

- Pasajul plasării spadei pe pieptul candidatului.

- Ultima verificare formală a profanului.

- Aducerea candidatului la Altar și invocarea binecuvântării Marelui Arhitect.

- Adresarea întrebărilor despre Virtute și Viciu și explicarea acestor concepte.

- Informarea candidatului cu privire la cele trei îndatoriri.

- Legământul cu privire la păstrarea secretului.

- Scoaterea frânghiei de la gât și pornirea în cele trei călătorii.

- Proba loialității.

- Asumarea jurământului masonic și acordarea Luminii.

- Reconfirmarea Jurământului.

- Investirea neofitului.

- Prima Lucrare masonică de Ucenic.

- Arderea Testamentului Filosofic.

PREGĂTIREA CANDIDATULUI PENTRU PRIMIREA ÎN TEMPLU

Pregătirea candidatului pentru primirea în Templu este un proces esențial în francmasonerie, având ca scop pregătirea sa mentală și spirituală pentru ceremonia inițiatică. Iată o dezvoltare a fiecărei etape menționate:

1. *Prima probă inițiatică (Proba pământului)*: Aceasta este prima etapă a pregătirii candidatului și implică introducerea sa în Cabinetul

(Camera) de Reflecție. Aici, candidatul intră într-un mediu special amenajat care are scopul de a-i stimula meditația și reflecția asupra vieții, moralității și alegerii sale de a deveni Francmason. În acest cabinet, el este singur cu gândurile sale și este încurajat să mediteze asupra trecutului său și asupra motivațiilor sale pentru a se alătura Ordinului.

2. *Întocmirea testamentului filosofic*: Candidatul este solicitat să întocmească un document numit Testament Filosofic. Acest document este o expresie a gândurilor, valorilor și intențiilor sale în calitate de viitor Francmason. Prin acest testament, el își exprimă dorința de a căuta lumina în Masonerie și de a se angaja să urmeze principiile și obiectivele acesteia.

3. *Eliberarea de metale*: Înainte de a intra în Templu, candidatul este eliberat de toate metalele pe care le are asupra sa. Acest act simbolic reprezintă renunțarea la lucrurile materiale și lumești în favoarea căutării cunoașterii și iluminării spirituale în cadrul Masoneriei.

4. *Pregătirea fizică*: Candidatul trebuie să se pregătească fizic pentru ceremonia inițiatică. Aceasta include asigurarea unei ținute vestimentare corespunzătoare, conform cerințelor rituale. El trebuie să poarte haine curate și adecvate, care să respecte tradițiile și simbolurile Masoneriei.

În ansamblu, pregătirea candidatului pentru primirea în Templu este un proces profund și complex, care îi permite acestuia să reflecteze asupra alegerii sale de a deveni Francmason și să se pregătească pentru inițierea în misterele Masoneriei. Aceste etape contribuie la înțelegerea profundă a semnificației și responsabilităților inițierii și la asigurarea faptului că el este pregătit să devină un membru activ și implicat în cadrul Ordinului.

PREGATIREA FIZICĂ

Pregătirea fizică a candidatului în cadrul Ceremoniei de Inițiere reprezintă un aspect important al ritualului masonic, având semnificații simbolice profunde. Iată o dezvoltare a acestor aspecte:

- *Partea stângă a pieptului și brațul dezvelit*

Candidatul intră în Templu cu partea stângă a pieptului și brațul stâng dezvelite. Aceasta simbolizează sinceritatea, onestitatea și transparența cu care se apropie de Masonerie. Dezvăluirea acestei părți a corpului sugerează că el își deschide inima și mintea pentru a primi învățăturile și luminile Masoneriei. Inima, fiind descoperită, reprezintă centrul sentimentelor și dorința de a căuta adevărul.

- *Pulpa și genunchiul drept dezgolite*

Dezgolirea pulpei și genunchiului drept este un simbol al smereniei și respectului candidatului față de momentul inițiatic. Faptul că el îngenunchează direct pe podeaua Templului are rolul de a-l sensibiliza şi de a-l face să înţeleagă că trebuie să îşi arate smerenia şi supunerea în faţa principiilor şi valorilor Masoneriei.

- *Piciorul stâng descălţat*

Candidatul intră în Templu cu piciorul stâng descălţat. Acest gest simbolizează respectul pentru locul sacru şi tradiţia Masoneriei. În mod tradiţional, primul pas într-un Templu Masonic se face cu piciorul stâng, ceea ce înseamnă că talpa

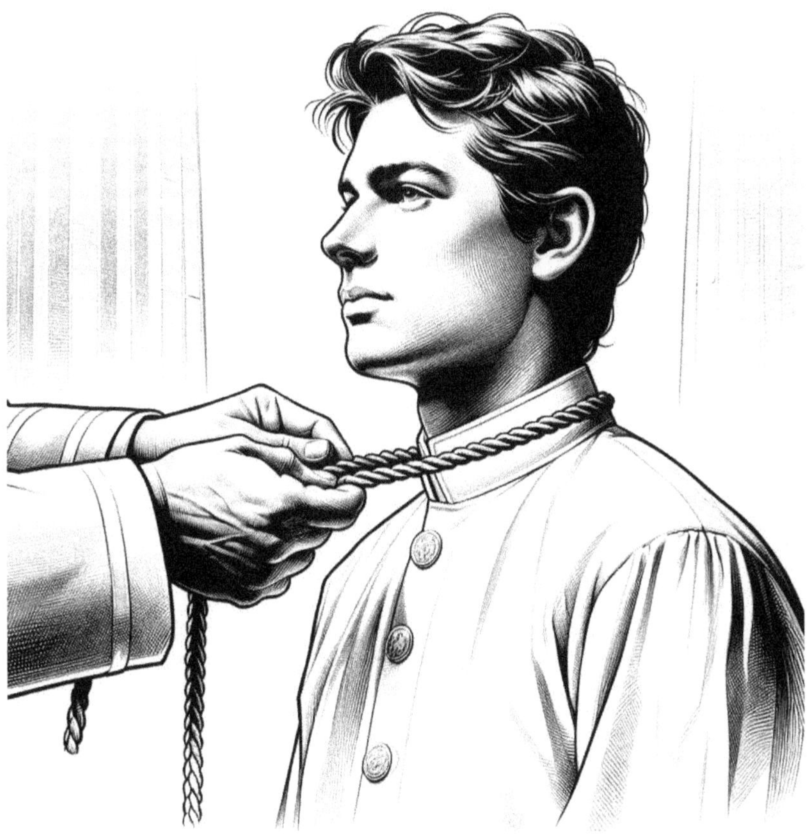

goală atinge prima oară solul sfânt al Templului.

- *Funia legată de gât*

Funia legată de gât, cunoscută şi sub denumirea de "*laţ*", reprezintă tot ceea ce îl leagă pe candidat de lumea profană din care face parte înainte de a deveni Francmason. Aceasta simbolizează legăturile sale cu lumea exterioară şi obligaţiile sale profane. În timpul iniţierii, funia va fi dezlegată pentru a marca trecerea candidatului într-o nouă etapă a vieţii sale, dedicată căutării cunoaşterii şi iluminării spirituale.

- *Legarea ochilor*

Candidatul este, de asemenea, legat la ochi cu un bandou. Această acţiune are rolul de a-l pregăti pentru momentul în care va "primi Lumina" şi va deveni un Francmason iniţiat. Dezlegarea bandoului este un moment simbolic în care candidatul îşi recâştigă vederea şi resimte un "şoc iniţiatic". Acest moment marchează tranziţia sa de la lumea profană către lumea Masoneriei, unde călătoriile sale spirituale şi legăturile cu lumea profană sunt transformate şi redefinite.

Pregătirea fizică în cadrul Masoneriei este o parte esenţială a experienţei iniţiatice şi are ca scop pregătirea candidatului pentru a primi învăţăturile şi înţelepciunea Masoneriei. Aceste simboluri şi gesturi reprezintă trecerea sa de la statutul de profan la iluminare şi angajamentul său faţă de valorile şi principiile Masoneriei.

VERIFICAREA CANDIDATULUI

Verificarea candidatului este o etapă importantă în procesul de admitere în francmasonerie și este menită să asigure că persoana care solicită să fie primită în Ordin îndeplinește cerințele și criteriile necesare pentru a deveni membru. Iată o dezvoltare a acestor aspecte:

- *Identitatea și vârsta profană*

În cadrul acestei verificări, se stabilește identitatea candidatului pentru a se asigura că acesta este într-adevăr persoana care solicită admiterea în francmasonerie. De asemenea, se verifică vârsta candidatului pentru a se asigura că acesta îndeplinește cerințele de vârstă stabilite pentru a deveni membru.

Identitatea este un aspect crucial, deoarece Masoneria se bazează pe principiul că intrarea în Ordin trebuie să fie făcută din propria voință și libera alegere a individului. Verificarea identității contribuie la protejarea secretelor și integrității Masoneriei.

Vârsta candidatului este, de asemenea, importantă, deoarece în multe jurisdicții masonice, se stabilește o vârstă minimă pentru a deveni membru.

Această restricție are rolul de a asigura că cei care se alătură francmasoneriei sunt maturi și pregătiți să participe la procesul inițiatic și la angajamentul moral și etic.

- *Introducerea în Templu*

După ce identitatea și vârsta candidatului au fost verificate și aprobate, acesta este pregătit pentru a fi introdus în Templu Masonic.

Momentul marchează trecerea sa de la lumea profană la lumea Masoneriei. Introducerea în Templu este o ceremonie semnificativă și solemnă și este însoțită de simboluri și ritualuri specifice.

În timpul acestei etape, candidatul este condus în Templu și este supus unor proceduri și intră în contact cu simboluri care îl pregătesc pentru inițierea sa.

Această experiență inițiatică are scopul de a-l ajuta să înțeleagă importanța și semnificația intrării sale în francmasonerie și îl pregătește pentru următoarele etape ale procesului inițiatic.

PASAJUL PLASĂRII SPADEI PE PIEPTUL CANDIDATULUI

Spada are atât semnificația explicată de către Maestrul Venerabil, legată de remușcările acestuia dacă va trăda Ordinul în care a cerut să fie primit, cât și semnificația echilibrului și înțelepciunii de care profanul trebuie să dea dovadă, astfel încât dacă acesta ar încerca să se grăbească să intre în Templu (adică în masonerie) s-ar expune riscului de a fi rănit.

ULTIMA VERIFICARE FORMALĂ A PROFANULUI

Ultima verificare formală a profanului în cadrul Ceremoniei de Inițiere în francmasonerie este un pas important și solemn.

Aceasta implică adresarea a patru întrebări esențiale, iar răspunsurile candidatului la aceste întrebări au o semnificație profundă.

Dezvoltarea acestui moment este următoarea:

1. De ce doreşte să intre în masonerie?

Întrebarea este menită să aducă la suprafaţă motivaţia profundă a candidatului pentru a dori să devină membru al francmasoneriei. Răspunsul său ar trebui să reflecte căutarea cunoaşterii, a înţelepciunii, a fraternităţii şi a dezvoltării personale. Candidatul ar trebui să arate că are un interes autentic pentru valorile şi principiile Masoneriei şi că doreşte să contribuie la împlinirea acestora.

2. A venit de bunăvoie şi fără îndemnul nimănui?

Întrebarea vizează asigurarea că decizia candidatului de a intra în francmasonerie este una liberă şi neinfluenţată. Este important ca membrilor să li se permită să aleagă de bună voie şi nesiliţi de nimeni propria cale în francmasonerie, fără presiuni exterioare sau influenţe nefaste.

3. Este dispus să se supună probelor?

Acest aspect subliniază faptul că iniţierea în francmasonerie implică parcurgerea unui proces iniţiatic şi că orice candidat trebuie să fie dispus să accepte acest proces cu toate provocările, învăţăturile şi simbolurile sale. Este o modalitate de a testa disponibilitatea candidatului de a creşte şi de a se dezvolta prin intermediul experienţelor Masonice.

4. Crede în Dumnezeu sau într-o forţă superioară?

Această întrebare atinge unul dintre principiile fundamentale ale francmasoneriei, respectiv credinţa într-un principiu divin sau suprem.

Candidatul trebuie să afirme că are o credință într-o forță superioară și să respecte această credință, indiferent de religia sau credința specifică. Aceasta subliniază importanța spiritualității și a respectului pentru divinitate în cadrul Ordinului Masonic.

În ansamblu, aceste întrebări reprezintă un ultim examen de verificare pentru candidat, pentru a se asigura că este pregătit și potrivit pentru a deveni un membru al francmasoneriei. Aceste întrebări încurajează transparența, autenticitatea și responsabilitatea și ajută la crearea unei fundații solide pentru viitoarea lor implicare în activitatea Lojii alături de Frați în particular și în Masonerie în general.

ADUCEREA CANDIDATULUI LA ALTAR ȘI INVOCAREA BINECUVÂNTĂRII MARELUI ARHITECT

Ceremonia de inițiere în francmasonerie implică un moment semnificativ în care candidatul este adus la Altar și se face o invocare a binecuvântării Marelui Arhitect al Universului. Această parte a ceremoniei are o semnificație profundă și simbolică prin cele două componente ale sale:

1. Aducerea candidatului la Altar

Candidatul este condus în interiorul Templului și adus la Altar, care este un element central și sacru în Lojă. Altarul reprezintă un loc de închinare și adorare a Marelui Arhitect al Universului și este locul unde se depun Jurămintele ritualurilor masonice. Aducerea candidatului la Altar simbolizează momentul în care acesta este pregătit să înceapă călătoria sa în Masonerie și să-și exprime devotamentul față de principiile și valorile Masonice.

2. *Invocarea binecuvântării Marelui Arhitect al Universului*

După ce candidatul a fost adus la Altar, Maestrul Venerabil sau alt lider al Lojii se adresează Marelui Arhitect al Universului într-o rugăciune sau invocare specială. Aceasta este o parte solemnă a

ceremoniei în care se cere binecuvântarea divină pentru candidatul care va deveni membru al francmasoneriei. Invocarea exprimă recunoştinţa şi respectul Masonilor pentru divinitate şi cere ghidarea şi luminarea candidatului în timpul călătoriei sale Masonice.

Această parte a ceremoniei subliniază importanţa spiritualităţii în francmasonerie şi arată că Masoneria este un Ordin care se bazează pe principii morale şi spirituale profunde. Invocarea Marelui Arhitect al Universului este un act de veneraţie şi adorare şi reprezintă un moment de comuniune şi legătură între candidat şi divinitate în cadrul acestei ceremonii speciale.

În concluzie, aducerea candidatului la Altar şi invocarea binecuvântării Marelui Arhitect al Universului sunt două aspecte esenţiale ale Ceremoniei de Iniţiere în francmasonerie, care simbolizează angajamentul solemn al candidatului şi respectul pentru dimensiunea spirituală a Ordinului Masonic.

ADRESAREA ÎNTREBĂRILOR DESPRE VIRTUTE ŞI VICIU

Adresarea întrebărilor despre Virtute şi Viciu în cadrul ritualului de tip scoţian este un moment crucial şi profund în Ceremonia de Iniţiere.

Aceste întrebări reprezintă o invitaţie pentru candidat să reflecteze asupra propriilor valori, principii şi comportamente, subliniind importanţa dezvoltării spirituale şi morale în francmasonerie. Această parte a ritualului poate fi dezvoltată astfel:

1. *Semnificaţia întrebărilor despre Virtute şi Viciu*

În timpul Ceremoniei de Iniţiere, candidatul este supus unui set de întrebări specifice despre Virtute şi Viciu.

Aceste întrebări îl invită pe candidat să analizeze şi să evalueze propriile acţiuni şi comportamente din perspectiva eticii şi moralităţii. Este un moment de introspecţie profundă în care candidatul trebuie să reflecteze asupra virtuţilor pe care le îmbrăţişează şi asupra viciilor pe care trebuie să le evite sau să le corecteze.

2. *Invitaţia la dezvoltare spirituală şi morală*

Întrebările despre Virtute şi Viciu reprezintă o invitaţie deschisă pentru candidat să-şi înceapă călătoria spre dezvoltarea spirituală şi morală. Ele îl încurajează să-şi consolideze virtuţile şi să lucreze la eliminarea viciilor din viaţa sa.

Acest proces de autoevaluare şi autoîmbunătăţire este esenţial în francmasonerie, deoarece Ordinul promovează dezvoltarea individului într-un om mai bun şi moral.

3. *Importanţa moralităţii şi eticii în francmasonerie*

Întrebările despre Virtute şi Viciu subliniază faptul că Francmasoneria este un Ordin care acordă o importanţă deosebită valorilor morale şi etice. Francmasonii sunt încurajaţi să trăiască în conformitate cu principiile virtuții și să evite viciile care pot dăuna lor și societății. Această atenție acordată moralității este unul dintre pilonii fundamentali ai francmasoneriei.

4. *Călătoria continuă de dezvoltare personală*

Întrebările despre Virtute și Viciu marchează începutul călătoriei de dezvoltare personală și morală a candidatului în francmasonerie. Această călătorie nu se oprește odată cu inițierea, ci continuă pe parcursul întregii vieți masonice.

Candidatul este încurajat să lucreze constant la cultivarea virtuților și la eliminarea viciilor, devenind astfel un om mai bun și contribuind la binele comun.

În concluzie, întrebările despre Virtute și Viciu din cadrul Ceremoniei de Inițiere ce are la origine Ritualul Francez sau Scoțian reprezintă un moment de introspecție și invitație la dezvoltare spirituală și morală pentru candidat.

Aceste întrebări subliniază importanța valorilor etice și morale în francmasonerie și reprezintă începutul unei călătorii de autoîmbunătățire și dezvoltare personală care continuă pe toată durata vieții masonice a individului.

INFORMAREA CANDIDATULUI CU PRIVIRE LA CELE TREI ÎNDATORIRI

Momentul informării candidatului cu privire la

cele trei îndatoriri pe care le va avea ca francmason, alături de toţi ceilalţi francmasoni din Lanţul Masonic Universal, reprezintă un aspect esenţial al Ceremoniei de Iniţiere, inclusiv în ceea ce priveşte moralitatea şi transparenţa francmasoneriei.

Astfel i se oferă candidatului oportunitatea de a lua la cunoştinţă care sunt obligaţiile sale, iar dacă acesta nu este de acord, se poate retrage din procedura de Iniţiere.

Aceste îndatoriri reprezintă fundamentul

angajamentului pe care candidatul îl ia față de francmasonerie și comunitatea masonică.

1. *Păstrarea tăcerii și discreției*

Întâia îndatorire a candidatului este de a păstra o tăcere absolută cu privire la tot ceea ce a auzit și văzut în timpul ceremoniilor și întâlnirilor masonice.

Această discreție este crucială pentru păstrarea secretului masonic și pentru menținerea caracterului sacru al ritualurilor.

Candidatul învață că în francmasonerie există secrete care trebuie protejate și păstrate cu strictețe, demonstrând astfel integritatea și respectul său față de Ordin.

2. *Combaterea viciilor și promovarea virtuților*

A doua îndatorire a candidatului este să combată constant viciile și să practice cu asiduitate principiile fundamentale ale francmasoneriei regulare, care includ dragostea frățească, întrajutorarea și căutarea permanentă a adevărului.

Aceste virtuți sunt considerate pietrele de temelie ale francmasoneriei și reprezintă principii de conduită morală. Candidatul este încurajat să-și îmbunătățească caracterul și să adere la aceste virtuți în viața sa de zi cu zi. Astfel, Francmasoneria își asumă un rol activ în dezvoltarea morală a membrilor săi și în promovarea valorilor umane superioare în societate.

3. *Supunere față de lege și constituție*

A treia îndatorire a candidatului este de a se

conforma legilor statului și de a se supune Constituției și Regulamentelor Marii Loji. Aceasta arată că Francmasoneria nu se opune autorității statului sau instituțiilor legale, ci încurajează supunerea față de lege și respectarea autorităților constituționale. Prin urmare, candidatul este învățat să fie un cetățean responsabil și să își desfășoare activitatea masonică în conformitate cu legile țării sale.

În concluzie, cele trei îndatoriri ale candidatului în francmasonerie reprezintă angajamentul acestuia față de Ordin și principiile masonice. Ele pun accentul pe

discreție, moralitate și supunere față de lege, reflectând valorile și obiectivele francmasoneriei în dezvoltarea individului și în contribuția sa la binele comun. Aceste îndatoriri devin un adevărat ghid pentru comportamentul masonic și reflectă etica și principiile care guvernează comunitatea masonică.

LEGĂMÂNTUL CU PRIVIRE LA PĂSTRAREA SECRETULUI

Legământul de păstrare a secretelor, în special cu privire la probele la care va fi supus candidatul, este un moment solemn și simbolic în cadrul Ceremoniei de Inițiere în francmasonerie. Acest angajament are o semnificație profundă și este exprimat prin simboluri și ritualuri specifice, cum ar fi Cupa Libațiunilor, care adaugă profunzime și înțeles acestui moment. Dezvoltarea acestui aspect poate fi realizată astfel:

1. Cupa Libațiunilor - Simbolism și Semnificație

În ritualul de tip scoțian, angajamentul de a păstra secretele masonice este reprezentat prin intermediul simbolisticii alchimice a Cupei Libațiunilor. Candidatul ține o cupă în mâna sa stângă, iar în timpul ritualului, lichidul din cupă este simbolic schimbat din apă într-un lichid amar.

Această transformare a lichidului are o semnificație profundă și multiple niveluri de înțeles.

2. Transformare interioară

Schimbarea lichidului din apă într-un lichid amar

simbolizează transformarea candidatului de la un individ neinițiat într-un mason pregătit să primească învățăturile și cunoștințele masonice.

Simbolismul schimbării gustului este asociat unui proces de purificare și dezvoltare personală, în care candidatul devine conștient de responsabilitățile și angajamentele sale.

3. Avertisment al consecințelor trădării

Lichidul amar poate fi privit ca un avertisment al consecințelor trădării angajamentului masonic.

Candidatul este învățat că, dacă ar încălca acest

angajament, va trebui să suporte consecințele amare ale acțiunilor sale, așa cum lichidul amar simbolizează amărăciunea trădării.

4. *Încurajarea respectului pentru angajament*

Simbolismul din Cupa Libațiunilor încurajează candidatul să-și respecte cu strictețe angajamentul și să păstreze secretul cu privire la ceea ce va experimenta și învăța în cadrul francmasoneriei.

Candidatul este îndemnat să înțeleagă importanța păstrării secretelor pentru existența sacralității și integrității Ordinului.

5. *Profunzimea legământului masonic*

Legământul cu privire la păstrarea secretelor, ilustrat prin intermediul Cupei Libațiunilor, adaugă un nivel suplimentar de înțelegere și responsabilitate asupra angajamentului masonic.

Momentul este conceput pentru a sublinia caracterul solemn și sacru al legămintelor masonice și pentru a transmite candidatului valoarea profundă a acestor angajamente.

În concluzie, Cupa Libațiunilor și transformarea lichidului din apă într-un lichid amar în cadrul legământului masonic simbolizează transformarea personală a candidatului, avertismentul cu privire la consecințele trădării și încurajarea respectului pentru angajamentul masonic. Este un moment semnificativ în Ceremonia de Inițiere și în viața fiecărui mason, amintindu-le acestora importanța respectului pentru secret și a dezvoltării personale continue.

SCOATEREA FRÂNGHIEI DE LA GÂT ȘI PORNIREA ÎN CĂLĂTORII

Momentul scoaterii frânghiei de la gât și începerea celor trei călătorii în timpul Ceremoniei de Inițiere în francmasonerie este un moment semnificativ și încărcat de simbolism.

Acest moment din cadrul Ceremoniei poate fi dezvoltat astfel:

1. *Scoaterea frânghiei de la gât*

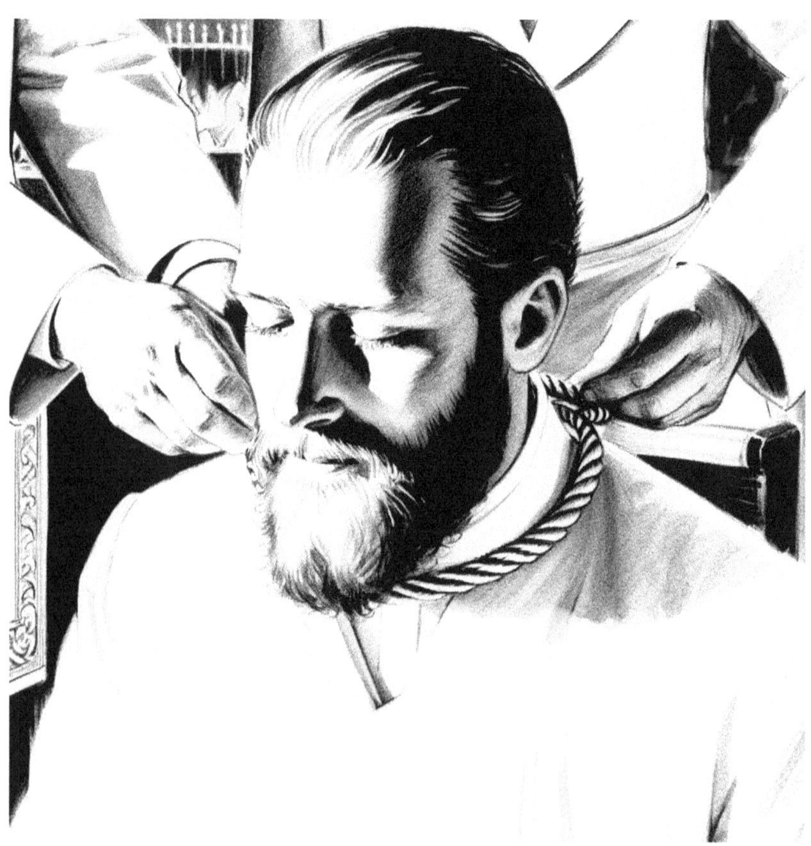

Inițial, candidatul a fost legat cu o frânghie la gât, ceea ce simbolizează limitările și constrângerile lumii profane.

Scoaterea acestei frânghii reprezintă eliberarea candidatului de aceste constrângeri și pregătirea sa pentru a începe călătoriile inițiatice.

2. Călătoriile și elementele fundamentale

Călătoriile la care este supus candidatul sunt conectate la elementele fundamentale ale naturii: aerul, apa și focul.

Acestea reprezintă ciclurile vieții și evoluția personală a individului. Prin parcurgerea acestor călătorii, candidatul învață să înțeleagă și să integreze aceste elemente în viața sa.

3. Semnificația loviturilor de trei ori

La finalul fiecărei călătorii, candidatul se oprește în fața Supraveghetorilor și a Maestrului Venerabil și cere să fie primit în Ordin prin lovirea de trei ori cu mâna pe umărul acestora.

Acțiune are o semnificație profundă și este asociată cu principiul căutării și învățării.

Prin aceste lovituri, candidatul arată dorința sa de a căuta și de a învăța în continuare, confirmând că vrea să intre în comunitatea masonică pentru a căuta adevărul și pentru a se dezvolta personal.

4. Rolul Expertului

Expertul joacă un rol important în acest proces, garantând pentru candidat în fața Supraveghetorilor, confirmând pregătirea și purificarea candidatului prin elemente, arătând că acesta este pregătit să continue învățarea și dezvoltarea în francmasonerie.

În concluzie, momentul scoaterii frânghiei de la gât și începerea celor trei călătorii reprezintă un moment crucial în procesul de inițiere masonic.

Acesta simbolizează eliberarea de constrângerile lumii profane, parcurgerea călătoriilor inițiatice pentru înțelegerea elementelor fundamentale ale vieții și exprimarea dorinței sincere de căutare și învățare.

Este un moment profund înălțător și plin de semnificații pentru candidat și pentru întreaga comunitate masonică.

PROBA LOIALITĂȚII

Proba loialității prin asumarea vărsării ultimei picături de sânge pentru apărarea fraților săi este un element extrem de solemn și profund al Ceremoniei de Inițiere în francmasonerie.

Această probă este adesea cunoscută sub numele de *"Jurământul de Sânge"* și reprezintă unul dintre cele mai profunde angajamente pe care un candidat îl poate face în cadrul acestui Ordin.

SEMNIFICAȚIA PROBEI DE SÂNGE

1. Simbolismul sângelui

Sângele este un simbol universal al vieții și

vitalității și este considerat a fi cel mai prețios lucru pe care îl posedă un individ.

Astfel, asumarea vărsării ultimei picături de sânge pentru apărarea fraților săi înseamnă că un mason este dispus să-și sacrifice propria viață pentru protejarea și sprijinirea fraților săi.

2. Loialitatea și devotamentul

Această probă subliniază loialitatea și devotamentul pe care un mason trebuie să-l aibă față de membrii Lojii și față de Ordin în ansamblu.

Candidatul este pus în fața unei alegeri extrem de serioase, arătând că este pregătit să-și sacrifice propria viață pentru binele și siguranța fraților săi.

3. Angajamentul pentru comunitate

În francmasonerie, comunitatea masonică este considerată o familie extinsă, iar membrii sunt frați.

Prin această probă, candidatul își asumă responsabilitatea de a apăra și sprijini această comunitate cu orice preț, punând-o deasupra intereselor personale.

4. Respectarea jurământului

Asumarea unui astfel de angajament implică o profundă respectare a jurământului masonic și a valorilor pe care aceasta le reprezintă.

Candidatul înțelege că jurământul său este sacru și irevocabil și este dispus să-l respecte în orice circumstanță.

În final, proba loialității prin asumarea vărsării

ultimei picături de sânge pentru apărarea fraților săi este unul dintre cele mai puternice momente de angajament și devotament în cadrul francmasoneriei.

Astfel se subliniază valorile fundamentale ale ordinului, precum loialitatea, fraternitatea și respectarea jurământului, și poziționează candidatul ca un mason dedicat misiunii sale în cadrul Ordinului.

ASUMAREA JURĂMÂNTULUI MASONIC ȘI ACORDAREA LUMINII

Asumarea jurământului masonic și acordarea Luminii reprezintă momente cruciale în procesul de inițiere în francmasonerie și simbolizează tranziția candidatului de la stadiul de profan la cel de neofit sau Ucenic Francmason. Aceste etape sunt încărcate de semnificație și simbolism, iar înțelegerea lor profundă este esențială pentru candidat.

1. Asumarea jurământului masonic

Asumarea jurământului masonic este un act solemn prin care candidatul își exprimă angajamentul să respecte valorile, principiile și secretele francmasoneriei.

Acest jurământ reprezintă un pact sacru și irevocabil între candidat și Ordin, iar prin el, candidatul își asumă responsabilitatea de a-și păstra tăcerea cu privire la tot ceea ce va învăța în calitate de mason și de a-și respecta frații și principiile francmasoneriei. Asumarea jurământului simbolizează angajamentul profund al candidatului față de Ordin și față de propria sa dezvoltare spirituală.

2. *Acordarea Luminii*

Acordarea Luminii reprezintă momentul în care candidatului i se îndepărtează banderola care îi leagă ochii, iar acesta este părtaș la Lumina Templului.

Prin această acțiune, candidatul devine un neofit sau Ucenic Francmason, ceea ce înseamnă că are dreptul să vadă și să participe la anumite aspecte ale ceremonialului masonic, dar încă nu este membru

cu drepturi depline al Lojii.

Trecerea prin stadiul de neofit este o etapă intermediară importantă care îi permite candidatului să reflecteze asupra angajamentului pe care l-a luat și să înțeleagă mai bine semnificațiile și responsabilitățile sale ca mason.

Momentul în care spadele sunt îndreptate către el reprezintă un ultim prag, marcând astfel pregătirea lui pentru a deveni un membru activ al francmasoneriei.

3. *Lanțul de Unire și primirea Luminii Mari*

După trecerea prin stadiul de neofit, acesta este primit în Lanțul de Unire, un simbol al unității și fraternității masonice.

Aici primește "*Lumina Mare*", ceea ce înseamnă că a fost inițiat oficial în Ordin. Acest moment marchează începutul călătoriei sale ca mason și îi oferă posibilitatea de a participa pe deplin la activitățile și învățăturile francmasoneriei.

În concluzie, asumarea jurământului masonic și acordarea Luminii reprezintă două momente cruciale în procesul de inițiere masonic, simbolizând angajamentul profund al candidatului față de Ordin și primirea sa oficială în comunitatea masonică.

Aceste etape marchează începutul unei călătorii spirituale și de dezvoltare personală în cadrul francmasoneriei.

RECONFIRMAREA JURĂMÂNTULUI

Reconfirmarea Jurământului este un moment semnificativ în procesul de inițiere masonic, în care neofitul are ocazia să-și reafirme angajamentul și să-și asume conștient jurământul pe care l-a prestat anterior. Acest moment are loc după acordarea "*Luminii Mari*" și este desfășurat la Altar, unde sunt așezate cele Trei Mari Lumini.

Rolul principal al reconfirmării jurământului este de a sublinia importanța și seriozitatea angajamentului asumat de către neofit în fața Ordinului și a Fraților săi. Astfel, neofitul conștientizează cu privire la semnificația profundă a jurământului pe care l-a făcut și la responsabilitatea sa de a-l respecta cu integritate și devotament.

Vizualizarea celor Trei Mari Lumini în timpul reconfirmării jurământului este un simbol puternic în francmasonerie. Aceste lumini reprezintă cele trei principii fundamentale ale Ordinului: iubirea frățească, întrajutorarea și căutarea permanentă a adevărului. Prin reconfirmarea jurământului în prezența acestor simboluri sacre, neofitul își amintește constant de valorile și scopurile pentru care a devenit mason.

Reconfirmarea jurământului este, astfel, un moment de reflecție profundă și un act de angajament conștient și voluntar. Aceasta marchează trecerea definitivă a neofitului în calitate de Ucenic Francmason și îl pregătește pentru etapele ulterioare ale inițierii și dezvoltării sale ca mason.

INVESTIREA NEOFITULUI

Investirea neofitului reprezintă un moment esențial în procesul de inițiere masonic, care implică mai multe aspecte importante și semnificative. Această etapă se desfășoară în câteva stadii, care au rolul de a marca trecerea neofitului de la stadiul de profan la cel de Ucenic Francmason:

1. Admiterea ca Ucenic de către Venerabil

Această primă etapă semnifică primirea

neofitului în Ordin și este efectuată de către Maestrul
Venerabil al Lojii. La acel moment, neofitul nu este
încă recunoscut de ceilalți frați ca Francmason
regular. El a doar începe să intre în cercul masonic
și primește primul său contact cu ritualurile și
simbolurile Masoneriei.

2. Recunoașterea ca Francmason regular și membru activ al Lojii

Această a doua etapă marchează momentul în
care neofitul este oficial recunoscut ca Francmason
regular și membru activ al Lojii respective.

Recunoașterea are loc atunci când Maestrul
Venerabil și cei doi Supraveghetori proclamă în mod
oficial statutul de Francmason al neofitului. În acest
moment, el devine membru cu drepturi depline al
Lojii și are acces la activitățile și resursele acesteia.

3. Comunicarea secretelor și acordarea Șorțului de Ucenic

Una dintre condițiile esențiale pentru a fi
recunoscut ca Francmason regular și membru activ
al Lojii este comunicarea secretelor gradului de
Ucenic Francmason. Aceasta se realizează într-o
manieră solemnă și simbolică, marcând încheierea
etapei de inițiere. În plus, primirea Șorțului de
Ucenic reprezintă un simbol important al statutului
său și al angajamentului în francmasonerie.

Investirea neofitului este un moment de tranziție
semnificativ în viața sa masonică, în care el trece
de la stadiul de profan la cel de Ucenic Francmason.
Acesta este momentul în care începe să exploreze și

să înțeleagă mai profund învățăturile, simbolurile și valorile Masoneriei și să se angajeze pe deplin în cadrul Ordinului.

PRIMA LUCRARE DE UCENIC FRANCMASON

Prima lucrare masonică a unui Ucenic reprezintă un moment deosebit în dezvoltarea sa în cadrul francmasoneriei.

Acest moment este precedat de întreaga Ceremonie de Inițiere, care implică pregătirea, admiterea și investirea neofitului în Ordin. După parcurgerea acestor etape, Ucenicul este pregătit să execute prima sa lucrare masonică, care are un caracter simbolic și educativ.

Această primă lucrare masonică este concepută pentru a oferi Ucenicului oportunitatea de a aplica în practică învățăturile și valorile pe care le-a primit și le-a asimilat în timpul ceremoniei și a instruirii.

De obicei, prima Lucrare Fizică a unui Ucenic este un simbol al începerii muncii din cadrul Atelierului, folosind uneltele specifice: Ciocanul și Dalta.

Ulterior, Ucenicul va afla despre Lucrarea Simbolică pe care o are de efectuat în Atelier, respectiv o prezentare scurtă sau un discurs pe un anumit subiect relevant pentru francmasonerie sau pentru dezvoltarea personală a individului.

Prin prima sa lucrare masonică, Ucenicul își exprimă angajamentul față de Masonerie și față de procesul său de dezvoltare personală și spirituală în cadrul Ordinului.

Aceasta marchează începutul unei călătorii lungi și semnificative în cadrul francmasoneriei, în care el va continua să învețe, să crească și să contribuie la fraternitatea masonică.

ARDEREA TESTAMENTULUI FILOSOFIC

Arderea Testamentului Filosofic reprezintă un moment semnificativ în cadrul Ceremoniei de

Inițiere și are o semnificație profundă în contextul francmasoneriei. Testamentul Filosofic este un document simbolic creat de candidat în timpul pregătirii pentru inițiere și conține gândurile, aspirațiile și angajamentele sale spirituale.

Momentul arderii acestui document are multiple semnificații și scopuri în cadrul ritualului masonic.

1. Simbol al renunțării

Arderea Testamentului Filosofic simbolizează renunțarea candidatului la vechile sale

principii, prejudecăți și obiceiuri care ar putea împiedica dezvoltarea sa spirituală și inițierea în francmasonerie. Prin ardere, el arată că este dispus să-și elibereze mintea și sufletul de toate aspectele care îl pot limita.

2. *Purificarea și transformarea*

Flăcările care înconjoară Testamentul Filosofic simbolizează purificarea și transformarea candidatului. Prin ardere, el este pus în contact cu elementul focului, care are puterea de a distruge și a

purifica. Acest proces îl ajută să renunțe la aspectele negative și limitative ale vieții sale și să înceapă o nouă etapă în dezvoltarea sa spirituală.

3. *Angajamentul față de valorile masonice*

Prin arderea Testamentului Filosofic, candidatul își exprimă angajamentul față de valorile masonice, precum întrajutorarea, fraternitatea și căutarea adevărului.

El arată că este dispus să se alăture comunității masonice și să contribuie la dezvoltarea și binele acesteia.

4. *Trecerea la un nou început*

Arderea Testamentului Filosofic marchează trecerea candidatului într-o nouă etapă a vieții sale, în care el devine Ucenic Francmason. Este momentul în care acesta își asumă oficial angajamentul să urmeze calea masonică și să învețe înțelepciunea și învățăturile Masoneriei.

În timpul acestui proces, Maestrul Venerabil poate transmite candidatului învățăturile legate de virtutea întrajutorării, subliniind importanța colaborării și sprijinului reciproc în cadrul comunității masonice. Arderea Testamentului Filosofic are, astfel, multiple înțelesuri și simboluri în cadrul inițierii masonice și contribuie la construirea fundamentelor spirituale ale candidatului în francmasonerie.

INIȚIEREA
-PROBE ȘI CĂLĂTORII-

SEMNIFICAȚIA CĂLĂTORIEI INIȚIATICE ÎN MASONERIE

Călătoria inițiatică apare, din perspectiva masonică, ca un domeniu paradoxal nu doar prin sine, cât și ca poziție în câmpul dezvoltării personale în tot ceea ce va însemna însușirea terminologiei și conceptelor masonice.

Călătoria inițiatică reprezintă în sine tocmai un acces la sacrul nivelului superior la care se va ajunge prin finalizarea cu succes a acesteia, prin simbolismul specific ce îi va fi relevat celui în cauză.

Se vorbește în mod separat despre călătorie și despre inițiere, dar apare și un nou concept, care le îmbină pe cele două, dar nu le cuprinde întru totul. Este conceptul de "*călătorie inițiatică*".

Călătoria inițiatică în Masonerie este un concept profund și esențial care se referă la experiența spirituală și simbolică prin care trece fiecare candidat în timpul Ceremoniilor de Inițiere și avansare în cadrul francmasoneriei.

Această călătorie are multiple semnificații și simboluri și joacă un rol fundamental în dezvoltarea personală a francmasonilor.

ACCES LA SACRU ȘI NIVELURI SUPERIOARE

Călătoria inițiatică în Masonerie reprezintă un drum spre cunoașterea și înțelegerea profundă a simbolurilor și a învățăturilor masonice.

Prin această călătorie, candidații au posibilitatea de a accesa niveluri superioare de înțelegere și de a se apropia de sacru, descoperind tainele Masoneriei și ale lumii înconjurătoare.

DISTINCȚIA ÎNTRE CĂLĂTORIE ȘI INIȚIERE

Este important să se înțeleagă diferența dintre conceptul de "călătorie" și cel de "inițiere". Călătoria se referă la procesul de învățare și descoperire a învățăturilor masonice, în timp ce inițierea este momentul oficial în care candidatul devine membru al Masoneriei.

Cu toate acestea, călătoria inițiatică este o parte esențială a întregului proces, pregătind candidatul pentru Inițiere.

CĂLĂTORIA INIȚIATICĂ CA ȘI CONCEPT UNIC

În Masonerie, există și conceptul de *"călătorie inițiatică"*, care îmbină atât călătoria cât și inițierea, dar nu le cuprinde în totalitate.

Această călătorie inițiatică este unică pentru fiecare

candidat și se desfășoară prin intermediul unor ceremonii specifice fiecărui grad simbolic.

Prin parcurgerea acestor călătorii, candidații sunt supuși diferitelor probe și învățături care îi transformă și îi pregătesc pentru responsabilitățile lor în cadrul Masoneriei.

TIPURI DE CĂLĂTORII SACRE

Prin parcurgerea călătoriilor din cadrul Ceremoniilor specifice Inițierii în fiecare grad Simbolic, constatăm existența a trei tipuri de călătorii sacre care sunt distincte, au scopuri și roluri diferite.

Acestea includ călătoria în timpul Inițierii în fiecare grad simbolic, călătoria către cunoaștere și înțelegere, precum și călătoria către dezvoltarea personală și spirituală.

Fiecare dintre aceste călătorii contribuie la creșterea și evoluția candidatului în cadrul Masoneriei.

Călătoria inițiatică în Masonerie este un concept complex și profund, care marchează drumul fiecărui candidat spre cunoaștere, înțelegere și dezvoltare personală.

Această călătorie are multiple straturi de semnificații și simboluri și reprezintă un element esențial în viața și evoluția fiecărui francmason.

În cazul prezentei cărți, dedicată Ucenicului, prima categorie specifică are ca rost inițierea profanului.

Împărțirea primară a călătoriilor Inițiatice în cele trei grade Masonice corespunde celor trei mari categorii de tipologie specifică fiecărui Grad simbolic:

- La Ucenic - călătorie inițiatică personală;

- La Calfă - călătorie inițiatică misionară;

- La Maestru - călătorie inițiatică completă.

Conceptul călătoriilor inițiatice și divizarea lumii în sacru și profan reprezintă aspecte importante în înțelegerea misterelor și învățăturilor Masoneriei.

CĂLĂTORIA INIȚIATICĂ ȘI DIVIZAREA LUMII

În Masonerie, se consideră că lumea este divizată în două aspecte fundamentale: sacru și profan.

Sacrul reprezintă sfera spirituală, simbolică și transcendentă, în timp ce profanul se referă la lumea materială, cotidiană și obișnuită.

Călătoria inițiatică este modalitatea prin care indivizii trec din lumea profană în cea sacră, explorând simbolurile și învățăturile Masoneriei.

CELE TREI TIPURI DE CĂLĂTORII INIȚIATICE

Se disting trei tipuri de călătorii inițiatice în Masonerie, fiecare având un scop distinct.

Primele două tipuri vizează trecerea și comunicarea din lumea profană în cea sacră. Aceste călătorii pregătesc candidații pentru înțelegerea simbolurilor și valorilor Masoneriei.

Al treilea tip de călătorie este mai profund și are scopul de a explora în profunzime relația dintre cele două laturi ale existenței.

ÎNȚELEGEREA ȘI REVELAREA

Călătoria inițiatică implică nu doar trecerea în lumea sacră, ci și înțelegerea profundă a simbolurilor și învățăturilor Masoneriei.

Aceasta nu înseamnă doar să explorezi ceea ce este ascuns, ci să înțelegi cu adevărat sensul acestor revelații.

Se pune accentul pe faptul că nu tot ceea ce este vizibil este și înțeles, iar cei care sunt supuși călătoriilor inițiatice trebuie să fie pregătiți pentru a ajunge la acea înțelegere profundă.

"MULȚI SUNT CHEMAȚI, DAR PUȚINI ALEȘI"

Citatul din Biblie subliniază că, deși mulți sunt atrași de căile spirituale sau inițiatice, doar puțini reușesc să ajungă la nivelul în care să înțeleagă și să trăiască cu

adevărat învăţăturile şi valorile acestor căi.

Deşi mulţi "*bat la Poarta Templului*" pentru a fi iniţiaţi, aceasta călătorie de la profan la iniţiat este accesibilă numai celor puţini care dovedesc curaj, determinare şi înţelepciune.

Călătoria iniţiatică în Masonerie este un proces complex şi profund, care implică trecerea şi comunicarea între lumea sacră şi cea profană. Este o călătorie care nu se opreşte la nivelul revelaţiei, ci încurajează pe cei care parcurg călătoriile iniţiatice să înţeleagă profund simbolurile și învățăturile Masoneriei și să le aplice în viața lor.

Este o călătorie care își propune să aducă iluminare și înțelegere, iar puținii aleși sunt cei care pot ajunge la această înțelegere profundă.

PROBE ȘI CĂLĂTORII

Inițierea masonică implică o serie de probe simbolice și călătorii, fiecare având un înțeles și un scop distinct în procesul de transformare a profanului într-un mason inițiat. Această inițiere include patru *"Probe"* și trei *"Călătorii,"* fiecare dintre ele contribuind la înțelegerea și dezvoltarea candidatului în cadrul Masoneriei.

PROBELE INIȚIERII

Acestea sunt încercări prin care candidatul trece pe parcursul procesului de inițiere.

Ele încep odată cu venirea profanului la Templu și se extind pe o perioadă mai lungă de timp înainte de inițierea oficială.

Aceste probe au rolul de a pregăti candidatul pentru ceea ce urmează și de a-l testa în ceea ce privește hotărârea și devotamentul său față de Ordin.

CĂLĂTORIILE INIȚIERII

Acestea sunt călătorii simbolice care au loc în timpul Ceremoniei de Inițiere în cadrul Templului.

Există trei călătorii inițiatice distincte care au loc în timpul acestor ceremonii, fiecare având propriul lor simbolism și învățătură.

Aceste călătorii sunt o parte esențială a procesului de inițiere, și reprezintă momentele în care candidatul trece de la starea de profan la cea de neofit sau Ucenic Francmason.

Deși există mențiuni despre o a patra călătorie inițiatică în tradiția masonică mai veche, în cadrul ritualului în vigoare la data actuală, sunt recunoscute doar cele trei călătorii inițiatice, care sunt parte integrantă a Inițierii.

În concluzie, procesul de inițiere masonică constă într-o serie de probe și călătorii care au loc atât înainte, cât și în timpul ceremoniei oficiale. Acestea au rolul de a pregăti și de a ghida candidatul în cadrul Masoneriei, facilitând trecerea sa de la starea de profan la cea de mason inițiat.

Probele din cadrul inițierii masonice sunt alcătuite într-o formă ritualistică simplă, ușor de înțeles și de executat, iar această accesibilitate în aparență face parte din Ceremonia Inițierii.

Cu toate acestea, în spatele acestor probe se află o profundă încărcătură tradițională și spirituală, cu semnificații ezoterice profunde.

Aceste probe nu se limitează doar la aspectele

exterioare ale ritualului, ci au legătură cu lumea ezoterică, unde nu oricine și nu oricum are acces.

Ele reprezintă o trecere într-o dimensiune mai profundă și mai înțeleaptă a cunoașterii și înțelegerii, unde se dezvăluie învățături ascunse și simboluri care au fost păstrate și transmise din generație în generație.

În trecut, unele ritualuri masonice impuneau candidatului să parcurgă călătorii simbolice în subterane, în loc de cele actuale din Templu.

Aceste călătorii aveau un caracter inițiatic și

simbolizau procesul de naştere şi transformare.

Candidatul era obligat să se târască pe o galerie îngustă, asemenea unui copil care vine pe lume.

La capătul acestei călătorii, el găsea o intrare, care semnifica o nouă etapă în viaţa sa, similară cu naşterea într-o lume spirituală şi simbolică a Masoneriei.

Oricine se angajează în aceste călătorii, fără teamă şi cu curaj, va trece prin cele trei elemente fundamentale: *foc, apă* şi *aer.*

Aceste elemente reprezintă simboluri ezoterice şi au o semnificaţie profundă în contextul iniţierii masonice.

A*erul* simbolizează înţelegerea şi cunoaşterea. Prin această călătorie, candidatul îşi deschide mintea şi sufletul către învăţăturile profunde şi se pregăteşte să descopere marile mistere ale existenţei.

Apa, ca element, reprezintă purificarea şi regenerarea spirituală. Candidatul este învăţat să se spele de păcatele şi greşelile trecutului şi să înceapă o nouă etapă în viaţa sa, curată şi luminoasă.

Trecerea prin *foc* simbolizează purificarea şi transformarea. Prin această experienţă, candidatul înfruntă şi depăşeşte frica de moarte, dobândind curajul necesar pentru a se confrunta cu tainele ascunse ale existenţei şi pentru a căpăta lumină şi înţelepciune.

În final, cei care reuşesc să parcurgă aceste călătorii cu curaj şi încredere sunt pregătiţi să iasă din "*măruntaiele pământului*", adică să iasă din starea lor de profan şi să intre în lumea Masoneriei, unde vor descoperi învăţături şi mistere pe care le vor putea înțelege și aprecia într-un mod cu adevărat profund.

Primul element cosmologic, *pământul*, este o reprezentare a tărâmului subteran în care germenele și sămânța își găsesc locul pentru dezvoltare.

Acest simbolism este reflectat în Cabinetul de Reflecție, care sugerează o stare de gestație sau de pregătire pentru naștere. În această cameră, candidatul reflectează asupra propriei sale vieți și este pregătit să renască spiritual în lumea masonică.

Procesul de curățare repetată pe parcursul

călătoriilor inițiatice amintește omului că perfecțiunea este un obiectiv în curs de atingere și că trebuie să continue să caute lumină și înțelepciune.

Faptul că nu există niciodată suficientă purificare pentru a ajunge în templul înțelepciunii ilustrează natura umană în evoluție și că orice candidat trebuie să rămână deschis și dedicat căutării sale spirituale.

Trecerea din Cabinetul de Reflecție către Poarta Templului este, de asemenea, semnificativă.

Aceasta nu este considerată o călătorie în sine, dar are un simbolism aparte.

Cabinetul de Reflecție poate fi văzut ca o analogie a gestației, în care candidatul se pregătește să intre într-o nouă lume.

După ce ajunge la Poarta Templului și primește lumina, el renunță la cordonul ombilical simbolizat de funia pe care o poartă în jurul gâtului, ceea ce reprezintă acceptarea sa în noua viață masonică și asumarea jurământului său.

PROBA PĂMÂNTULUI

Proba pământului este o etapă importantă în călătoria inițiatică a candidatului în masonerie, având o semnificație profundă.

Pamântul simbolizează în această context substanța universală sau *"prakriti"*, care reprezintă haosul primordial, materia primă din care totul ia naștere. Aceasta este starea inițială a materiei, separată de ape, așa cum se menționează și în Geneza biblică.

Conform tradiției, primul om a fost creat din pământ, iar singura bogăție pe care a avut-o asupra sa a fost scânteia divină sau spiritul oferit de Dumnezeu.

Proba Pământului simbolizează nevoia ca profanul care aspiră să devină Ucenic Francmason să se lepede de toate bogățiile materiale pe care le deține înainte de a intra în procedura inițierii, ca o dovadă de renunțare temporară la bunurile materiale și o deschidere către experiențele spirituale.

Este important de menționat că toate bunurile materiale luate de la candidat în cadrul acestei probe îi vor fi restituite integral după inițiere.

Prin această renunțare simbolică la bogății, candidatul începe procesul de curățare și pregătire pentru a primi lumină și înțelepciune.

Într-un sens mai profund, această probă sugerează că pamântul suportă și hrănește, iar cerul acoperă și iluminează, reprezentând echilibrul dintre material și spiritual.

Omul este caracterizat de două tendințe naturale fundamentale: o tendință ascendentă (Sattva) către lumină și înălțare spirituală și o tendință descendentă (Tamas) către întuneric și trăirea în plan material.

Aceste două aspecte reprezintă o parte intrinsecă a ființei umane și contribuie la formarea caracterului său. Prin urmare, atât binele, cât și răul fac parte din experiența umană.

Atunci când un grup sau o comunitate dorește să regenereze spiritual, aceasta poate practica *"proba pământului"* ca parte a ritualurilor sale.

Proba implică regenerarea și reîmprospătarea energiilor vitale ale individului sau ale grupului, marcând astfel trecerea dintr-o stare veche într-una nouă.

Analogia cu pământul este relevantă aici, deoarece pământul este sursa vieții și a fertilității, iar regenerarea spirituală se aseamănă cu reînnoirea și revigorarea.

Pelerinajele în locuri cu o mare încărcătură

spirituală, cunoscute şi ca "*locuri sfinte*", reprezintă, de asemenea, un tip de "*proba a pământului*". Aceste călătorii sunt concepute pentru a oferi participanţilor ocazia de a se conecta cu energiile spirituale ale acelor locuri şi de a experimenta o transformare personală şi regenerare spirituală.

În contextul Ceremoniei de Iniţiere, proba pământului simbolizează întotdeauna regenerarea şi trecerea dintr-o stare în alta.

Aceasta depăşeşte aspectele materiale ale vieţii şi

are o semnificaţie profundă, indicând tranziţia către catre un palier spiritual mai înalt. Este un moment de înţelegere şi de introspecţie, marcând începutul unei noi etape în evoluţia spirituală a individului sau a grupului.

PROBA AERULUI - PRIMA CĂLĂTORIE INIŢIATICĂ

- **DIN RITUAL:**

Prima Călătorie reprezintă zbuciumul vieţii umane. Zgomotele reprezintă pasiunile care-l agită pe om. Obstacolele întruchipează dificultăţile la care este supus omul şi pe care nu le poate învinge sau depăşi decât în măsura în care dobândeşte tărie de caracter şi cunoştinţele necesare.

Aceste dificultăţi sunt cu atât mai mari pentru cei care nu posedă Lumina şi care, din acest motiv, ignoră legile profunde ale Universului, acţionând adesea impotriva lor. Ascensiunea făcută pe planul inclinat în aceste condiţii, este urmată de o cădere, care ar fi putut fi fatală fără ajutorul unor mâini frăţeşti care au susţinut candidatul în momentul cel mai critic.

Această experienţă simbolică trebuie să îndemne la înţelepciune şi la prudenţă în tot ceea ce urmează să se întreprindă în noua viaţă.

Proba aerului, cunoscută şi ca Prima Călătorie Iniţiatică, reprezintă o etapă importantă în procesul de iniţiere şi are semnificaţii profunde în ceea ce priveşte viaţa umană şi evoluţia spirituală.

Această călătorie simbolizează zbuciumul vieții umane, aducând în prim-plan pasiunile și agitația care îl definesc pe om în lumea sa.

Zgomotele puternice auzite în timpul acestei călătorii reprezintă pasiunile și impulsurile care agită inima și mintea umană.

Ele pot fi văzute ca reprezentând turbulența și agitația interioară pe care o experimentăm în viața noastră cotidiană. În cadrul acestei călătorii, candidatul trebuie să facă față zgomotelor și agitației, simbolizând

lupta interioară a fiecărui individ cu propriile sale pasiuni și dorințe.

Planul înclinat și obstacolele întâlnite pe parcurs reprezintă dificultățile și provocările pe care omul le întâlnește în viață și care îi pun la încercare voința și caracterul.

Prin parcurgerea acestor dificultăți și obstacole, candidatul învață să-și dezvolte tăria de caracter și cunoștințele necesare pentru a face față provocărilor vieții.

Călătoria inițiatică prin proba aerului poate fi asemănată cu viața umană pe Pământ, cu toate trăirile, încercările și agitațiile sale.

Prin purificarea sa prin aer, candidatul este revitalizat, pregătit pentru următoarele etape ale inițierii.

Această experiență îl învață că, în ciuda tumultului vieții, există întotdeauna oportunitatea pentru curățire și revitalizare, iar încrederea în sine poate fi restabilită prin introspecție și determinare.

Experiența simbolică a primei călătorii inițiatice prin proba aerului invită la înțelepciune și prudență, oferindu-le candidaților posibilitatea de a reflecta asupra propriei lor vieți și a dezvoltării lor spirituale.

Aerul este un element care, în simbolismul inițierii masonice, este asociat cu vântul, respirația și sufletul. Acesta reprezintă lumea subtilă situată între cer și pământ, fiind un mediu propice pentru manifestarea spiritului uman. Aerul este considerat a simboliza

Sufletul Universal, iar în sufletul ucenicului se află sămânţa Masoneriei Universale, aşteptând să fie cultivată şi dezvoltată.

Aerul, ca element simbolic, este mediul propice pentru manifestarea sunetului, transparenţei şi mobilităţii. El serveşte ca o cale de comunicare între cer şi pământ, reprezentând legătura dintre lumea spirituală şi cea materială.

Aerul înseamnă victoria omului asupra propriei sale naturi, trecând de la starea de ignoranţă şi confuzie la starea de iluminare şi înţelepciune în cadrul Artei Regale.

Libertatea asociată aerului simbolizează capacitatea omului de a comunica, de a ilumina minţile şi de a se înălţa spre înţelegerea mai profundă.

În această călătorie iniţiatică, candidaţii învaţă că, prin trecerea probelor şi reflectarea asupra lor, pot ajunge să se simtă eliberaţi şi să zboare către înţelegerea superioară a vieţii şi a lor înşişi.

PROBA APEI - CEA DE-A DOUA CĂLĂTORIE INIŢIATICĂ

- **DIN RITUAL:**

A Doua Călătorie este una cu mai puţine zgomote şi mai puţine obstacole. Dacă omul perseverează pe căile virtuţii, acestea îi vor atenua din ce în ce mai mult greutăţile vieţii.

Cu toate acestea, candidatul nu este încă eliberat de luptele pe care este obligat să le poarte pentru a triumfa în faţa pasiunilor sale şi ale altor oameni.

Cea de-a doua călătorie iniţiatică, reprezentată simbolic prin proba apei, marchează o etapă importantă în iniţierea candidatului.

După zgomotul puternic din prima călătorie, acesta este acum martor la un zăngănit de arme şi lovituri înfundate, simbolizând luptele pe care omul trebuie să le ducă în viaţa sa.

Purificarea prin apă, care are loc în această fază a inițierii, poate fi asimilată unui botez inițiatic. Ea serveşte la spălarea candidatului de mizeria vieţii profane cu care a intrat în Templu şi pe care a resimţit-o în prima călătorie, dar şi de sudoarea şi oboseala luptelor vieţii pe care le-a experimentat în a doua călătorie.

Simbolistica acestei călătorii sugerează că, dacă omul rămâne perseverent pe calea virtuţii şi moralităţii, acestea îl vor ajuta să facă faţă cu mai multă uşurinţă dificultăţilor vieţii.

Cu toate acestea, candidatul este conştient că nu a scăpat încă de luptele pe care trebuie să le ducă, atât cu propriile pasiuni, cât şi cu provocările aduse de ceilalţi oameni.

Prin această probă a apei, candidatul învaţă că dezvoltarea spirituală implică în mod inevitabil confruntarea cu provocările şi ispitele vieţii, iar perseverenţa şi virtuţile îl vor ajuta să înainteze pe acest drum iniţiatic.

Apa deţine un loc special în universul simbolurilor şi este adesea asociată cu trei traiectorii fundamentale:

- *Originea vieţii*

Apa este considerată izvorul vieţii în multe culturi şi simbolizează potenţialul de creaţie şi naştere.

Aşa cum apa dă naştere lumii vii, tot astfel, candidatul care parcurge proba apei încearcă să-şi descopere potenţialul şi să renască într-o nouă formă, ca Ucenic Francmason.

- *Mijloc de purificare*

Apa are puterea de a purifica şi de a curăţa.

În context ritualic, proba apei este asemănătoare unui ritual de purificare.

Candidatul se spală simbolic de toate impurităţile şi influenţele negative pe care le-a adunat în viaţa sa profană.

Acest act simbolic îl pregăteşte să intre într-o nouă etapă a vieţii sale ca francmason, curăţat şi pregătit pentru dezvoltarea sa spirituală.

- *Centru de regenerare*

Apa are și un aspect regenerator.

Ea are puterea de a transforma vechiul în nou, murdarul în curat și materia în spirit.

Prin proba apei, candidatul poate să experimenteze această transformare și regenerare la nivel simbolic.

Acest proces îl ajută să-și redefinească identitatea și să renască într-o formă superioară, ca adept al Masoneriei Universale.

În ansamblu, proba apei reprezintă o experiență profundă de transformare și regenerare pentru candidat, pregătindu-l să intre în lumea masonică ca un om curat, purificat și pregătit să se dezvolte spiritual în cadrul acestei vechi și respectate confrerii.

PROBA FOCULUI - CEA DE-A TREIA CĂLĂTORIE INIȚIATICĂ

• **DIN RITUAL:**

În A Treia Călătorie nu se aude niciun zgomot. Semnificația simbolică a acesteia arată că, dacă perseverezi cu hotărâre pe calea Virtuții, viața devine calmă și liniștită. Flăcările prin care candidatul a trecut figurează cel de-al patrulea element fundamental al realității.

Fie ca focul care v-a învăluit să se transforme în inima dumneavoastră într-o iubire fierbinte pentru semeni; fie ca generozitatea să va inspire de acum vorbele și faptele.

Proba Focului, a treia călătorie inițiatică, reprezintă o etapă esențială în evoluția candidatului spre iluminare și cunoașterea luminii.

Această probă simbolizează tranziția de la purificarea prin apă și aer și lepădarea de viciile lumii profane (experimentate în prima și a doua călătorie) la căutarea adevărului interior și cunoașterea profundă a luminii spirituale.

În timpul acestei călătorii, candidatul se află în

mijlocul flăcărilor, care reprezintă patimile şi ispitele care îl înconjoară în viaţa sa.

Cu toate acestea, el nu este afectat sau ars de flăcări, ci doar străbătut de căldura lor binefăcătoare.

Acest simbolism sugerează că, prin cultivarea virtuţii şi hotărârea de a urma calea iluminării, viaţa devine mai liniştită şi mai calmă, iar candidatul devine imun la ispitele şi patimile care îl înconjoară.

Această călătorie prin foc reprezintă o tranziţie crucială în dezvoltarea candidatului, în care el este

pregătit să întâlnească şi să descopere adevărul ascuns în el însuşi.

Proba Focului îl ajută să-şi consolideze hotărârea şi să-şi dezvolte înţelegerea interioară, pregătindu-l pentru ultima etapă a iniţierii şi pentru cunoaşterea profundă a luminii masonice.

Focul are o semnificaţie profundă şi spirituală în cadrul iniţierii masonice.

Acesta este considerat un simbol divin şi esenţial pentru purificarea spirituală a candidatului.

Focul simbolizează, în esenţă, procesul de renaştere sau regenerare spirituală.

Pentru a înţelege această semnificaţie, este important să evidenţiem trei elemente esenţiale: un început, un sfârşit şi un nou început.

În multe culturi, purificarea prin foc a fost asociată cu pregătirea pentru recoltă.

Prin arderea ogorului de buruieni şi resturi vegetale, solul era pregătit pentru o nouă insămânţare, iar recolta urma să fie mai bogată şi mai prosperă.

Acest simbolism al purificării prin foc sugerează că trecerea prin proba focului în Masonerie are menirea de a pregăti candidatul pentru o renaştere iniţiatică, în care el devine conştient că viaţa spirituală este cea care conferă sens şi eternitate, contribuind la îmbunătăţirea şi prosperitatea vieţii materiale.

Proba focului din cadrul iniţierii masonice reprezintă o etapă crucială în procesul de regenerare simbolică a candidatului, ilustrând ideea că doar viaţa spirituală

poate avea un impact semnificativ asupra vieții materiale și poate contribui la evoluția și îmbunătățirea acesteia.

CUNOȘTINȚE GENERALE

DISTINCȚIA DINTRE TERMENII "STÂLPI" ȘI "COLOANE"

Este esențial în contextul și terminologia masonică să se facă o distincție clară între termenii *"stâlpi"* și *"coloane"*, deoarece fiecare are semnificații și conotații specifice în ritualurile și simbolismul masonic.

Confuzia între acești termeni poate duce la interpretări greșite ale simbolurilor și ritualurilor masonice.

Când se vorbește despre *"a fi între Coloane"*, acesta este un termen care se referă exclusiv la poziționarea dintre coloanele Jachin și Boaz, două structuri semnificative situate la intrarea în Templul masonic. Aceste coloane simbolizează trecerea de la lumea profană la cea spirituală și sunt încărcate cu un profund

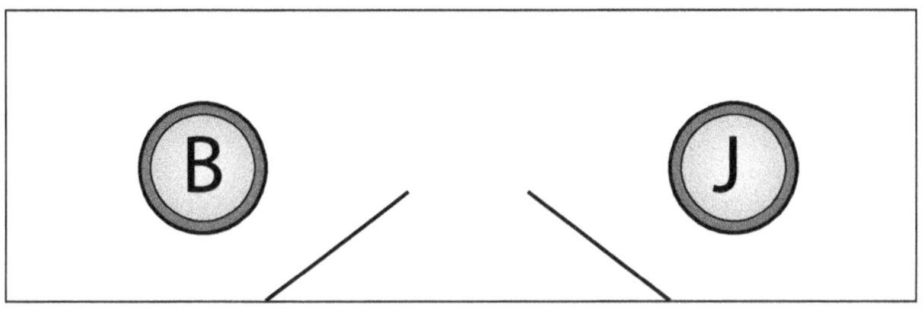

simbolism spiritual şi istoric în masonerie.

Pe de altă parte, "*Stâlpii*" menţionaţi în contextul Pavajului Mozaicat, în special cei ai forţei şi frumuseţii situaţi pe latura de vest, au semnificaţii diferite. Aceşti stâlpi reprezintă valorile şi principiile masonice, forţa şi frumuseţea, şi sunt strâns legaţi de structura ierarhică şi funcţională a Lojii.

Astfel, este important să se înţeleagă această diferenţiere pentru a aprecia corect semnificaţia şi rolul fiecăruia în cadrul Lojii şi al ceremoniilor masonice.

Coloanele Jachin şi Boaz stau ca simboluri ale iniţierii şi transformării spirituale, în timp ce stâlpii de pe latura de vest a Pavajului Mozaicat reprezintă

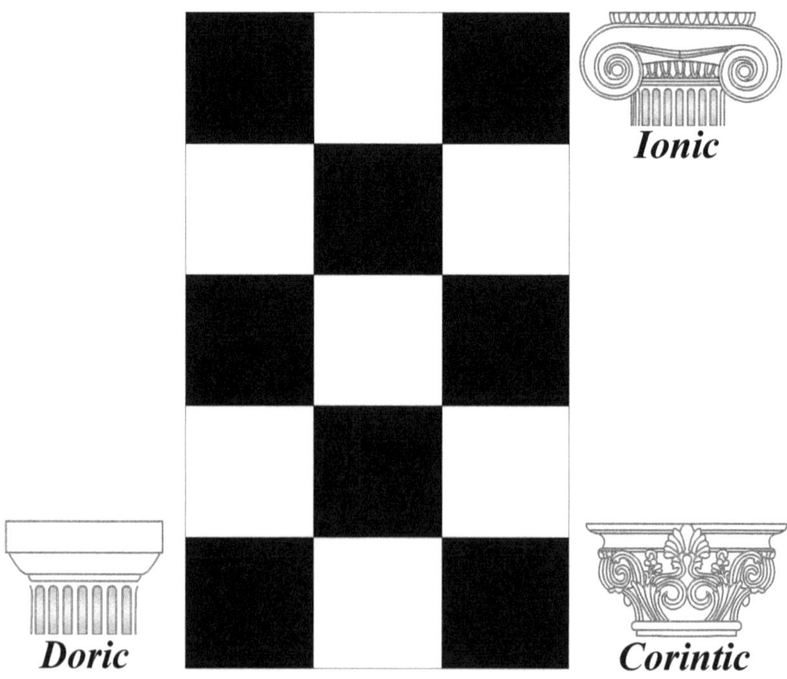

pilonii pe care se sprijină forța și frumusețea în viața masonică. Această distincție clară între coloane și stâlpi nu este doar o chestiune de terminologie, ci și un aspect fundamental al înțelegerii și practicării corecte a tradițiilor și simbolismului masonic.

ÎMBRĂȚIȘAREA FRATERNĂ

În cadrul ritualurilor masonice, îmbrățișarea fraternă este un act simbolic încărcat de semnificație și este efectuată pentru a exprima unitatea și frăția dintre membrii Lojii; este efectuată în doi timpi:

1. Bătăile simultane pe umăr

În primul timp, frații execută trei bătăi simultane cu mâna dreaptă pe umărul stâng al fratelui din față.

Aceste bătăi reprezintă un mod de a atrage atenția asupra momentului solemn și de a marca începutul imbratisării fraterne. Ele sunt simbolice și semnifică unirea și solidaritatea membrilor Lojii.

2. Îmbratișarea și sărutarea fraternă

După ce au efectuat bătăile pe umăr, frații se îmbrățișează. În timpul imbratisării, mâna dreaptă a fiecărui frate este plasată peste umărul stâng al fratelui din față, iar mâna stângă este pusă pe spatele celui de al doilea frate, în dreptul mijlocului.

În acest moment, cei doi frați își ating de trei ori alternativ obrajii. Această atingere alternativă de trei ori are semnificația simbolică a păcii, a unității și a fraternității, iar numărul trei este adesea folosit în ritualurile masonice pentru a accentua importanța și semnificația acestui act.

Îmbrățișarea fraternă este un moment profund în relațiile masonice, în care frații își exprimă recunoașterea și respectul reciproc, precum și angajamentul lor față de valorile și principiile masoneriei.

Ea simbolizează legăturile strânse și camaraderia dintre membrii Lojii și reprezintă unul dintre aspectele distinctive ale experienței masonice.

MODALITATEA DE VOT

În cadrul ritualurilor masonice, utilizarea mâinii drepte în diferite momente are o semnificație profundă și simbolică.

Aceasta are loc în diverse momente importante, precum asumarea jurămintelor și obligațiilor masonice, aprobarea sau respingerea Planșelor de Arhitectură, cererea cuvântului și exprimarea opțiunilor prin vot deschis.

Pentru utilizarea mâinii drepte se pot genera și câteva explicații unanim acceptate:

- *Asumarea jurămintelor și obligațiilor masonice*

  Atunci când un membru al Lojii depune un jurământ sau își asumă o obligație solemnă, folosirea mâinii drepte este un gest semnificativ.

Mâna dreaptă este considerată în multe culturi și tradiții ca fiind mâna puterii și a onestității.

Prin folosirea mâinii drepte în timpul jurământului, se subliniază angajamentul ferm și sincer al individului față de valorile și principiile masoneriei.

Este un act de integritate și respect față de jurămintele luate în fața fraților din Lojă și în fața celor Trei Mari Lumini.

- *Aprobarea sau respingerea Planşelor de Arhitectură*

Planşele de Arhitectură sunt documente importante în masonerie, care conţin învăţături simbolice şi înţelepciune.

Când aceste planşe sunt prezentate pentru a fi aprobate sau respinse, fraţii folosesc mâna dreaptă pentru a vota.

Acest gest simbolizează importanţa luării deciziilor cu seriozitate şi în conformitate cu principiile masonice. De asemenea, arată unitatea fraţilor în luarea deciziilor care afectează Loja şi membrii săi.

- *Cererea cuvântului şi votul deschis*

În timpul Ţinutelor Lojii, fraţii pot solicita cuvântul pentru a-şi exprima opinia sau pentru a adresa întrebări. Folosirea mâinii drepte pentru a cere cuvântul este o modalitate de a menţine ordinea şi respectul în timpul discuţiilor.

Votul deschis, în care fraţii îşi exprimă opţiunile cu mâna dreaptă, reflectă transparenţa şi corectitudinea în procesul de luare a deciziilor.

În concluzie, folosirea mâinii drepte în aceste momente ceremoniale din cadrul masoneriei are ca scop sublinierea integrităţii, onestităţii şi respectului faţă de valorile şi tradiţiile masonice. Este o modalitate de a păstra solemnitatea şi semnificaţia acestor momente importante din viaţa unei Loji masonice.

TERNARUL

Numărul 3 are o semnificație profundă și specială în francmasonerie, reflectându-se în fiecare aspect al acestei organizații. Este o caracteristică esențială a ritualurilor și a structurilor masonice, indiferent de originea ritualului în care lucrează fiecare Lojă.

Să explorăm semnificațiile și implicațiile acestui număr în francmasonerie:

- *Trinitatea sau Triunghiul Divin*

În primul rând, numărul 3 este asociat cu conceptul de Trinitate sau Triunghiul Divin, care este prezent în majoritatea religiilor și filozofiilor. Aceasta poate fi o referință la trei mari principii sau forțe spirituale, cum ar fi Creatorul, Creația și Omul. Acest concept profund este adesea central în învățăturile masonice, subliniind legătura dintre om și divinitate.

- *Unitatea în diversitate*

În francmasonerie, se subliniază ideea că oamenii provin dintr-o varietate de credințe, dar sunt uniți în căutarea cunoașterii, moralității și dezvoltării personale. Numărul 3 reprezintă unitatea în diversitate, un aspect esențial al francmasoneriei, unde diferitele persoane lucrează împreună pentru un scop comun.

- *Progresul și evoluția personală*

În contextul francmasoneriei, numărul 3 poate

reprezenta şi etapele dezvoltării personale.

De la Profan la Ucenic, de la Ucenic la Calfă, şi de la Calfă la Maestru Mason, aceste trei grade distincte simbolizează progresul şi evoluţia iniţiatului în cunoaştere, moralitate şi auto-cunoaştere.

- *Armonia şi echilibrul*

Numărul 3 poate reprezenta, de asemenea, armonia şi echilibrul. Triunghiul este un simbol puternic în francmasonerie şi sugerează echilibrul dintre corp, minte şi suflet. Această armonie este căutată în eforturile masonilor pentru a deveni oameni mai buni şi pentru a contribui la binele comun.

În concluzie, numărul 3 este omniprezent în francmasonerie şi are multiple semnificaţii, de la cele spirituale la cele practice. Acesta reprezintă un aspect fundamental al învăţăturilor şi ritualurilor masonice, oferindu-le masonilor o bază pentru dezvoltarea personală şi pentru contribuţia lor la lumea din jur.

Numărul 3 în activitatea curentă a Francmasonilor este o prezență puternică și semnificativă care se regăsește în multe aspecte ale acestei organizații discrete. Acest număr are o importanță majoră în ritualurile și simbolismul masonic, iar semnificațiile sale pot fi extinse la infinit.

Cu toate acestea, voi enumera câteva dintre acestea:

- *Trinitatea și divinitatea*

Numărul 3 este adesea asociat cu conceptul de Trinitate sau Triunghiul Divin, reprezentând

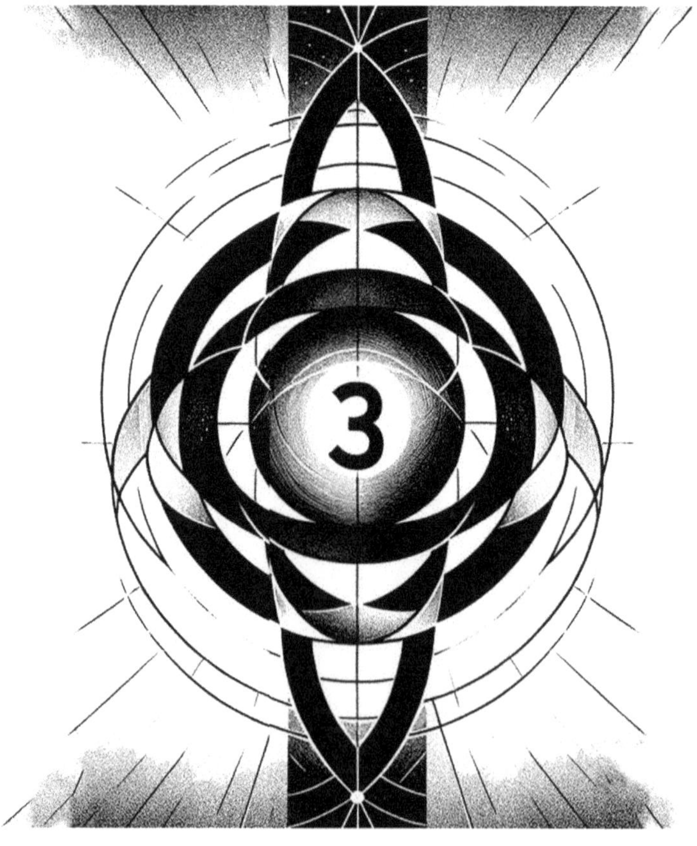

legătura dintre Creator, Creaţie şi Om. Acest aspect spiritual este profund înrădăcinat în francmasonerie şi susţine ideea de divinitate şi misticism.

- *Echilibrul şi perfecţiunea*

Triunghiul echilateral este un simbol des utilizat în francmasonerie, sugerând perfecţiunea şi echilibrul. Triunghiul are trei laturi egale, reflectând ideea de armonie în dezvoltarea personală a masonilor.

- *Progres şi evoluţie*

Prin intermediul celor trei grade simbolice (Ucenic, Calfă şi Maestru), Francmasoneria promovează progresul şi evoluţia personală. Fiecare grad reprezintă o treaptă în dezvoltarea unui mason, cu scopul final de a atinge perfecţiunea morală şi spirituală.

- *Intrarea în Lojă*

Intrarea unui profan sau a unui candidat într-o Lojă este marcată de cele trei bătăi date la uşa Lojii. Aceasta este o etapă crucială în procesul de admitere şi iniţiere a noilor membri.

- *Virtuţi şi responsabilităţi*

Masonii sunt îndemnaţi să urmeze trei virtuţi majore: dragostea frăţească, întrajutorarea şi căutarea permanentă a adevărului.

Aceste virtuţi ghidează comportamentul şi relaţiile lor cu ceilalţi membri şi cu lumea în general.

Numărul 3 are o semnificație profundă în francmasonerie; nu numai că facilitează învățarea și memorarea, dar și reflectă principiile fundamentale ale organizației, cum ar fi perfecțiunea, divinitatea și evoluția personală.

Prezența numărului 3 în cadrul francmasoneriei subliniază importanța sa în structura și învățăturile acestei societăți secrete.

Numărul 3 are o semnificație profundă în francmasonerie, și este adesea asociat cu simboluri și

concepte cu puternice conotații spirituale și filozofice.

Dezvoltarea acestei semnificații poate fi abordată în următoarele moduri:

* *Asociere cu Trinitatea*

În multe culturi și religii, numărul 3 este asociat cu conceptul de Trinitate sau Treime, reprezentând divinitatea într-o formă tripartită, cum ar fi Tatăl, Fiul și Duhul Sfânt în creștinism. În francmasonerie, această asociere sugerează o conexiune profundă cu spiritualitatea și cu înțelegerea misterului divin.

* *Simbolismul triunghiului*

Triunghiurile echilaterale și isoscele sunt simboluri puternice în francmasonerie, semnificând perfecțiunea și echilibrul. Acestea reprezintă adesea aspecte ale divinității și ale armoniei în univers.

* *Evoluția semnificației*

Semnificația numerelor și simbolurilor în francmasonerie s-a dezvoltat de-a lungul timpului. Triunghiul ca simbol și triunghiurile echilaterale nu au fost întotdeauna parte din simbolismul masonic.

Triunghiurile ca simboluri masonice au apărut mai târziu, în secolul al XVIII-lea, ca expresii ale hermetismului și ale interpretărilor trinitare.

* *Relația cu Creștinismul*

Constituțiile gotice, inclusiv cele ale lui

Anderson, propun o origine a masoneriei strâns legată de principalele personaje ale Bibliei ebraice, dar şi de mari figuri ale lumii greco-latine.

Astfel, numărul 3 semnifică Treimea divină şi era folosit pentru a descrie legătura între Tatăl, Fiul şi Duhul Sfânt. Acest lucru a fost aplicat şi în moduri practice pentru a prelucra lumea înconjurătoare, reflectând modelul divin în structurile create de masoni.

În concluzie, numărul 3 în francmasonerie este

profund conectat cu aspecte spirituale şi filozofice, inclusiv cu divinitatea şi echilibrul.

Semnificaţia sa evoluează şi se dezvoltă în timp, reflectând înţelesuri diferite şi adaptându-se la învăţăturile şi tradiţiile masonice. Această conexiune între 3 şi simbolismul masonic îmbogăţeşte profund înţelegerea şi adânceşte semnificaţia acestei organizaţii secrete.

Numărul 3 are o semnificaţie profundă în lumea geometriei şi în filozofia masonică, iar această semnificaţie poate fi explorată în următoarele moduri:

- *Triunghiul în geometrie*

Un triunghi este cea mai simplă formă geometrică plană, şi anume o figură cu trei laturi şi trei unghiuri. Este o formă fundamentală care serveşte ca bază pentru multe alte forme geometrice mai complexe. Prin urmare, în geometrie, cifra 3 indică o formă clar delimitată şi stabilă, care serveşte ca fundament pentru construirea altor forme.

- *Devotamentul faţă de geometrie în masonerie*

Masonii operativi din Evul Mediu au fost cunoscuţi pentru dedicarea lor faţă de geometrie, pe care o considerau o ştiinţă supremă. Ei au aplicat principiile geometrice în construcţia structurilor, asigurând astfel stabilitatea şi durabilitatea acestora.

Această conexiune între geometrie şi masonerie reflectă preocupările practice ale masonilor şi convingerea că înţelegerea ştiinţelor exacte este

esențială în arta construcției.

• *Simbolismul triunghiului în masonerie*

Triunghiul este un simbol comun în francmasonerie și este adesea asociat cu concepte precum divinitatea, echilibrul și perfecțiunea. În contextul masonic, triunghiul poate simboliza legătura dintre Dumnezeu și om, reprezentând căutarea iluminării și a înțelepciunii.

• *Evoluția simbolismului triunghiului*

Deși triunghiul este un element comun în

francmasonerie, adoptarea sa ca simbol sacru și ezoteric s-a dezvoltat în timp. În secolul al XVIII-lea, o perioadă importantă în istoria francmasoneriei, au apărut mai multe interpretări și adăugiri simbolice la arsenalul masonic. Triunghiul a devenit astfel un simbol important în această evoluție inițiatică.

În concluzie, numărul 3, reprezentat de triunghi, are semnificații profunde în geometrie și în francmasonerie. Acest simbolism reflectă atât importanța geometriei în tradiția masonică, cât și semnificațiile filozofice ale formei triunghiului în căutarea iluminării și a perfecțiunii.

Conceptul de Lumină în francmasonerie este

profund simbolic şi reprezintă o temă centrală în tradiţia masonică.

În acest context, luminile din Lojă au semnificaţii importante, iar dezvoltarea lor în ritualurile masonice demonstrează complexitatea şi profunzimea simbolismului masonic.

- *Fii ai Luminii*

Francmasonii, indiferent dacă sunt masoni operativi sau speculativi, sunt consideraţi "fii ai luminii". Acest titlu simbolic sugerează că membrii

francmasoneriei călătoresc spre iluminare și înțelepciune.

- *Călătoria Soarelui*

Descrierea călătoriei Soarelui de la Orient la Occident este unul dintre simbolurile fundamentale din francmasonerie. Acest simbol reprezintă călătoria umană spre iluminare și căutarea adevărului. Soarele, ca sursă de lumină și cunoaștere, ilustrează călătoria spirituală a fiecărui mason în căutarea înțelepciunii.

- *Sistemul de Lumini*

Luminile din Lojă se referă la luminile fizice și simbolice folosite în timpul ritualurilor. În ritualurile timpurii, ele erau denumite simplu "Lumini". Cu timpul, s-au dezvoltat sisteme mai complexe de lumină, care includ 3 Mari Lumini, 3 Stâlpi de Lumină și 3 Lumini ale Lojii. Aceste lumini au semnificații specifice legate de aspectele tradiționale ale ritualurilor masonice.

- *3 Mari Lumini*

Cele 3 Mari Lumini ale Francamasoneriei sunt Cartea Legii Sacre, Echerul si Compasul.

Fiecare dintre aceste lumini are semnificații specifice, iar ele reprezintă fundamentul spiritual, moral și etic pe care fiecare mason își construiește călătoria și reprezintă un punct de referință în reamintirea angajamentului față de principiile și valorile masonice.

- *3 Stâlpi de Lumină*

Prin amplasarea acestor stâlpi în jurul Pavajului mozaicat, se creează o legătură simbolică între spațiul central al Templului și structura valorilor masonice: înțelepciunea, forța și frumusețea.

Stâlpii nu sunt doar elemente arhitecturale sau decorative, ci reprezintă pilonii valorilor masonice, ghidând membrii în căutarea lor pentru echilibru, armonie și perfecțiune morală.

- *3 Lumini ale Lojii*

Aceste 3 lumini sunt asociate cu Maestrul

Venerabil şi cei doi Supraveghetori.

Simbolismul este unul ce ţine de aspectele organizatorice ale Lojii şi mai ales de funcţionarea Atelierului. Daca Maestrul Venerabil este poziţionat la Orient, de unde vine lumina, în mod similar, cei 2 Supraveghetori, prin poziţionarea şi atribuţiile specifice, aduc lumina aspura Fratilor aflaţi pe "coloanele" de care aceştia răspund.

Conceptul de Lumină şi simbolismul luminilor din Lojă sunt aspecte esenţiale ale francmasoneriei.

Ele reflectă căutarea masonică a iluminării spirituale și a înțelepciunii, precum și rânduiala și organizarea ritualurilor masonice.

În concluzie, simbolistica ternarului sau cifra 3, în special în contextul Gradului de Ucenic din francmasonerie și în diverse alte tradiții și domenii, servește ca o sursă de inspirație și încurajează cercetarea și înțelegerea mai profundă a semnificațiilor și simbolurilor implicate.

Ternarul reprezintă un principiu universal al echilibrului și al armoniei și poate fi folosit pentru a dezvălui înțelesuri mai profunde despre lumea înconjurătoare, despre aspectele filozofice și spirituale ale vieții și despre structurile existente în tradițiile culturale și religioase.

Acest număr magic, 3, ne aduce aminte de multiplele semnificații și legături simbolice pe care le poate avea în diferitele contexte, și ne îndeamnă să explorăm în profunzime înțelesurile sale.

Este o invitație la studiu, introspecție și căutare a cunoașterii în toate aspectele vieții noastre.

ARCANELE GRADULUI DE UCENIC

Conform Ritualului Gradului de Ucenic, Arcanele sunt consemnate și exemplificate pe scurt.

Din discreţie şi din respect pentru păstrarea unor aspecte ce ţin de activitatea iniţiatică ce are la bază un set de reguli si bune practici, în cele ce urmează, voi oferi explicaţii conexe şi suplimentare pentru precizările existente în Anexele Ritualului în ceea ce priveşte Arcanele.

Pentru cei interesaţi, explicaţiile de bază pot fi găsite în Ritual.

POZIŢIA "LA ORDIN"

Poziţia *"La Ordin"* este o poziţie ceremonială specifică folosită în cadrul masoneriei şi are o semnificaţie simbolică. Această poziţie este adoptată de către membrii Lojii în momentele ceremoniale și face parte din regulile şi procedurile specifice masoneriei.

Iată o dezvoltare a semnificației și utilizării acestei poziții:

- *Semnificație*

Poziția "*La Ordin*" este o formă de respect și devoțiune față de valorile și tradițiile masonice. Simbolismul său derivă din modul în care fiecare aspect al poziției este conceput pentru a transmite învățături și principii masonice.

Călcâiele lipite subliniază unitatea și fraternitatea membrilor Lojii, mâna dreaptă cu degetul mare depărtat formează un unghi drept, un simbol al corectitudinii și dreptății, iar brațul stâng atârnând de-a lungul corpului indică calmul și autocontrolul.

- *Utilizare*

Poziția "*La Ordin*" este adoptată de către membrii Lojii în momente specifice, cum ar fi atunci când se ia cuvântul în Lojă sau când frații participă la diverse momente din cadrul ritualurilor masonice. Acest gest ceremonial marchează respectul și solemnitatea acestor momente și ajută la menținerea ordinii în Lojă.

- *Simbolism*

Ca multe alte aspecte ale masoneriei, poziția "*La Ordin*" are un înțeles profund.

Poate reprezenta căutarea adevărului și a corectitudinii în viață, precum și ideea că masonii trebuie să fie conduși de principiile morale și etice în toate acțiunile lor, într-un mod echilibrat și calm.

- *3 unghiuri drepte*

Pentru realizarea corectă a acestei poziţii este obligatoriu să existe 3 unghiuri drepte.

Prezenţa cifrei 3 si a unghiului drept dau o notă specială acestei poziţii.

Cele 3 unghiuri drepte le găsim în :

- poziţia tălpilor
- poziţia braţului drept raportat la verticala corpului
- poziţia degetului mare faţă de palmă şi celelalte degete.

În concluzie, poziţia "*La Ordin*" este un element ceremonial important în masonerie, care are un înţeles simbolic profund şi care este adoptat cu respect şi solemnitate în momentele cheie ale vieţii masonice. Este o manifestare a angajamentului fraţilor faţă de valorile şi învăţăturile masonice şi ajută la menţinerea unei atmosfere adecvate în Lojă.

SEMNUL PENAL

"*Semnul Penal*" este un gest ceremonial specific masoneriei, care are o semnificaţie profundă şi simbolică în cadrul ritualurilor.

Acest gest este făcut în mod deliberat şi face parte din procedurile şi semnele importante din cadrul ritualurilor masonice.

- *Semnificație*

"*Semnul Penal*" reprezintă o manifestare solemnă a angajamentului și a loialității masonilor față de Lojă și față de secretul lor. Gestul este o aluzie la consecințele grave ale nerespectării jurământului masonic.

Când un mason face acest semn, el își amintește că este mai bine să își sacrifice propria viață decât să dezvăluie secretele masonice. Acest lucru subliniază caracterul sacru și obligațiile stricte pe care le au frații masoni față de jurământul lor.

- *Utilizare*

"*Semnul Penal*" este adesea făcut în cadrul unor momente specifice ale ritualurilor masonice.

Este utilizat pentru recunoaștere și verificare, dar și pentru reafirmarea angajamentul față de jurământul individual și față de Lojă.

Acest gest ceremonial are loc într-un context solemn și este perceput ca un moment important de înțelegere a responsabilităților masonice.

- *Simbolism*

"*Semnul Penal*" reprezintă unul dintre aspectele distinctive ale masoneriei, în care se pune accent pe obligațiile stricte și pe respectarea jurământului. În plus față de simbolismul legat de jurământ, acest gest poate fi privit și ca o expresie a sacrificiului de sine în favoarea valorilor și principiilor masonice. Frații masoni sunt învățați să fie dispuși să-și asume responsabilitatea și să-și protejeze Loja și secretele ei cu devotament şi onoare.

Este important ca pentru a se păstra simbolismul şi însemnătatea, în momentul începerii gestului de mişcare a mâinii drepte către partea dreaptă a corpului, degetul mare al mâinii să fie poziţionat dincolo de gât, pe partea stângă a corpului.

Astfel, explicaţia gestului capătă sens.

În concluzie, "*Semnul Penal*" este un gest ceremonial profund cu semnificaţii simbolice puternice în cadrul masoneriei. Acesta serveşte ca o amintire solemnă a importanţei jurământului masonic şi a loialităţii fraţilor masoni faţă de Lojă şi faţă de principiile şi valorile masonice.

PAŞII

Paşii în cadrul ritualurilor masonice au o semnificaţie specială şi sunt parte integrantă a ceremoniilor. Aceşti paşi sunt făcuţi cu scopul de a marca momente importante sau pentru a evidenţia anumite aspecte simbolice. Iată o dezvoltare a semnificaţiei şi utilizării paşilor în cadrul ritualurilor masonice:

- *Semnificaţie*

Paşii în cadrul ritualurilor sunt o manifestare a rânduielilor şi simbolurilor masonice. Faptul că se fac de trei ori, pornind întotdeauna cu piciorul stâng şi aducând piciorul drept către stângul, cu călcâiele lipite şi tălpile formând un echer, are semnificații simbolice profunde. Numărul trei este recurent în masonerie și sugerează armonie, echilibru și perfecțiune.

- *Utilizare*

Pașii sunt utilizați în diverse momente ale ritualurilor masonice pentru a marca tranziția de la un stadiu la altul sau pentru a simboliza căutarea cunoașterii și perfecționarea morală. Pașii sunt adesea însoțiți de gesturi și simboluri care au semnificații specifice în cadrul ritualului.

* *Perfecţionarea morală*

În masonerie, paşii pot simboliza şi efortul constant al fiecărui frate de a-şi perfecţiona caracterul şi de a avansa pe calea morală. Faptul că paşii se fac de trei ori poate sugera că acest proces de perfecţionare este unul continuu şi repetitiv, indicând că masonii îşi asumă angajamentul de a continua să se îmbunătăţească pe ei înşişi.

* *Simbolism*

Paşii repetaţi de trei ori reprezintă un aspect de bază al simbolismului masonic. Trei este un număr sacru în masonerie şi este adesea asociat cu înţelepciunea, forţa şi frumuseţea. Paşii sunt, de asemenea, o modalitate de a marca o tranziţie sau un moment important în viaţa masonică a unui frate. Acest gest simbolic subliniază angajamentul învăţării continue şi a căutării cunoaşterii.

În acest sens, este obligatoriu de înţeles că pornindu-se dintre coloane, direcţia este întotdeauna înainte, către lumină (reprezentată de Orient si Maestrul Venerabil).

Astfel, la finalizarea celor 3 paşi, cel care îi execută, este obligatoriu să fie pe aceeaşi direcţie cu axa sau linia imaginară care uneşte următoarele puncte:

* Locul de plecare (la jumatatea distanţei dintre coloane)

* Mijlocul distanţei dintre Stâlpii Forţei şi Frumuseţii

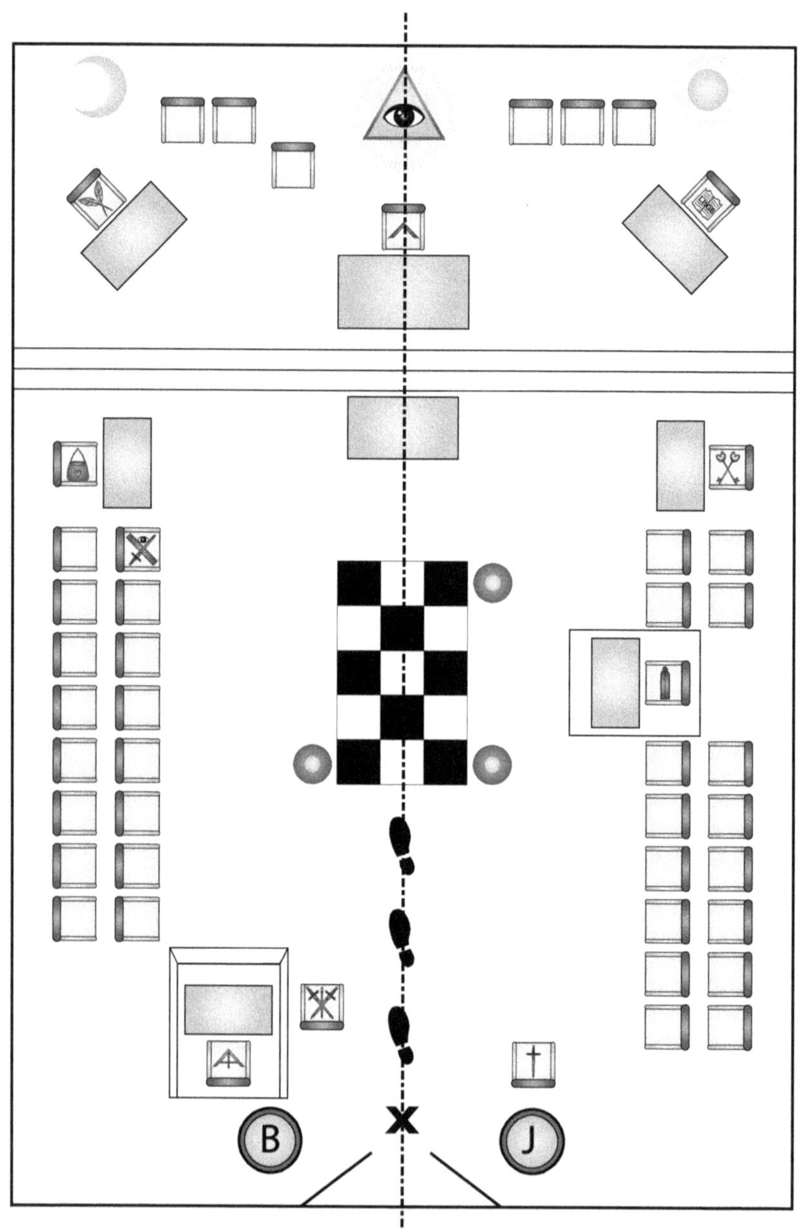

- Centrul Pavajului Mozaicat
- Mijlocul Templului reprezentat de Firul cu Plumb
- Centrul Altarului Jurămintelor
- Poziţia centrală de la Orient a Maestrului Venerabil

Numai aşa, în mod simbolic, Ucenicul este învăţat să nu se abată în perfecţionarea morală şi în căutarea cunoaşterii. Aceşti paşi repetaţi de trei ori pe o direcţie bine definită, marchează tranzitia şi semnifică înţelepciunea, forţa şi frumuseţea, valori centrale în masonerie.

CUVÂNTUL SACRU

Cuvântul sacru "*Boaz*" are o semnificaţie profundă în masonerie şi este asociat cu Coloana din stânga la intrarea în Templul lui Solomon. Această parte a simbolurilor masonice are o importanţă specială în ritualurile şi învăţăturile masonice, iar cuvântul sacru "*Boaz*" este unul dintre cele mai cunoscute şi încărcate de semnificaţii. Iată o dezvoltare a semnificaţiei şi importanţei cuvântului sacru "*Boaz*" în masonerie:

- *Origine*

  Cuvântul sacru "*Boaz*" provine din Biblie şi face referire la una dintre cele două coloane majore de la intrarea în Templul lui Solomon, cealaltă numindu-se "*Jachin*."

Coloanele Boaz şi Jachin au fost înălţate în templu ca simboluri ale puterii, înţelepciunii şi stabilităţii.

* *Semnificaţie*

Cuvântul "*Boaz*" are semnificaţia de "*În Forţă*" şi sugerează ideea de putere şi stabilitate.

Această putere nu se referă doar la forţa fizică, ci şi la puterea spirituală şi morală pe care un mason ar trebui să o dezvolte în cadrul francmasoneriei.

* *Rolul Coloanei*

Coloana "*Boaz*" din Templul lui Solomon reprezintă aspecte importante ale vieţii masonice, precum stabilitatea şi susţinerea morală.

Aceasta ar putea fi asociată cu forţa de a rămâne ferm în faţa ispitelor şi de a susţine adevărurile masonice.

* *Învăţături*

Cuvântul sacru "BOAZ" serveşte ca o amintire constantă a masonilor cu privire la importanţa puterii morale şi

spirituale în viața lor. În masonerie, se încurajează dezvoltarea caracterului și a virtuților, iar cuvântul "BOAZ" este un punct de referință pentru această aspirație.

- *Simbolism*

Cuvântul "BOAZ" nu este doar un cuvânt, ci și un simbol în masonerie. El reprezintă, de asemenea, unitatea și solidaritatea dintre frații masoni, susținându-se reciproc în căutarea înțelepciunii și perfecționării morale.

În concluzie, cuvântul sacru *"Boaz"* în masonerie are semnificația de *"În Forță"* și subliniază importanța puterii morale și spirituale în viața masonilor.

Acest cuvânt servește ca un simbol și o amintire constantă a valorilor și învățăturilor masonice, precum și a solidarității dintre frații masoni în căutarea înțelepciunii și perfecționării morale.

ATINGEREA

Atingerea are o semnificație specială în masonerie și joacă un rol esențial în cadrul ceremoniilor și ritualurilor masonice.

Această acțiune este un simbol și un gest cu multiple înțelesuri în francmasonerie.

Iată o dezvoltare a semnificației și importanței atingerii în masonerie:

- *Cererea Cuvântului Sacru*

Atingerea descrisă în întrebare este folosită pentru a cere Cuvântul Sacru în timpul Ceremoniei de Inițiere a unui nou membru.

Prin această atingere, candidatul solicită Cuvântul Sacru și confirmă dorința de a intra în sfera cunoașterii și a luminii masonice.

- *Comunicarea prin atingere*

În masonerie, atingerea este un mod subtil de comunicare între frați. Prin gesturi simple de atingere, masonii pot exprima solidaritatea, sprijinul și înțelegerea față de ceilalți frați.

Această comunicare silențioasă este un aspect important al legăturii masonice.

• *Modalitatea alternării Cuvântului Sacru*

După cererea inițială a Cuvântului Sacru prin atingere, candidatul și masonul interogat continuă prin a spune Cuvântul Sacru alternativ pe litere.

Acest proces nu doar simbolizează învățarea și transmiterea cunoașterii, ci și relevă importanța comunicării și colaborării între frați.

• *Confidențialitate și secret*

Acest mod al cererii Cuvântului Sacru prin atingere reamintește masonilor importanța confidențialității și păstrării secretelor în cadrul francmasoneriei.

Masonii trebuie să-și păstreze angajamentele și să respecte confidențialitatea legăturilor lor masonice.

În concluzie, atingerea în masonerie este un gest cu semnificație profundă, simbolizând cererea de înțelepciune și lumină masonică. Ea exprimă comunicarea subtilă dintre frați, solidaritatea și respectul față de angajamentele masonice.

Modalitatea cererii Cuvântului Sacru prin atingere servește ca un exemplu viu al valorilor și învățăturilor masonice.

BATERIA

Bateria este un alt aspect semnificativ al ritualurilor masonice şi constă în lovirea cu palma dreaptă peste palma stângă de trei ori la intervale egale de timp şi are o semnificaţie profundă în francmasonerie.

Iată o dezvoltare a semnificaţiei şi importanţei bateriei în masonerie:

- *Etapele Deschiderii şi Închiderii*

Bateria este folosită în cadrul ritualului de deschidere şi închidere a unei Ţinute masonice.

Cele trei lovituri simbolizează anumite aspecte ale lumii masonice şi au rolul de a marca momentele cheie ale unei Ţinute, precum începutul şi sfârşitul acesteia.

- *Simbol al Treimii*

Numărul trei are o semnificaţie specială în francmasonerie şi este adesea asociat cu simbolismul Treimii.

Bateria da trei simbolizează, de asemenea, această treime, având conotaţii simbolice şi spirituale.

- *Secret şi respect*

Bateria da trei poate fi, de asemenea, un simbol al secretului şi respectului între masoni.

Prin folosirea acestei baterii, masonii îşi amintesc să păstreze încrederea şi confidenţialitatea legată

de secretele masonice.

Bateria joacă un rol esențial în ritualurile și ceremoniile masonice, simbolizând aspecte bine definite între frați.

Este unul dintre elementele distinctive ale francmasoneriei, amintind masonilor de valorile și învățăturile lor.

POZIȚIA "LA ORDIN" PENTRU DOLIU

Poziția *"La Ordin"* pentru doliu este o parte importantă a ritualurilor masonice care simbolizează respectul și onoarea aduse unui francmason plecat la Orientul Etern.

Fotografia are rol de a puncta însemnătatea acestei poziții. Modalitatea corectă este exemplificată în Ritualrile Masonice în vigoare.

Această poziție este adoptată în timpul ceremoniilor de doliu și are o semnificație profundă.

- *Omagiu pentru frații decedați*

Poziția "*La Ordin*" pentru doliu este folosită pentru a arăta omagiu și respect față de frații masoni care au trecut la Orientul Etern.

Este un gest solemn care simbolizează legătura strânsă dintre masoni și recunoașterea importanței fiecărui frate decedat.

- *Simbol al umilinței și supunerii*

Această poziție implică aplecarea capului și închiderea ochilor, semnificând umilința și supunerea față de misterul vieții și morții.

Masonii învață să fie conștienți de fragilitatea umană și să accepte trecerea inevitabilă în veșnicie.

- *Moment de reflecție și meditație*

Starea de contemplare și meditație în poziția "*La Ordin*" pentru doliu este un moment în care masonii pot reflecta asupra propriei lor vieți, asupra valorilor masonice și asupra tradițiilor Fraternității. Este un moment de conexiune cu divinitatea și cu trecerea timpului.

- *Respect pentru familie și cei apropiați*

Această poziție nu se aplică doar în cazul fraților masoni, ci și în situațiile în care masonii participă la ceremonii funerare pentru persoane din afara Fraternității.

Ea reprezintă un act de respect faţă de familia şi prietenii decedatului.

- *Unitate în comunitate*

În timpul ceremoniilor de doliu, toţi masonii se apleacă în acelaşi mod, ceea ce simbolizează unitatea şi solidaritatea din cadrul Lojilor Masonice.

Indiferent de gradele şi funcţiile masonice

Fotografia are rol de a puncta însemnătatea acestei poziţii. Modalitatea corectă este exemplificată în Ritualrile Masonice în vigoare.

deținute, în momentele de doliu, frații masoni sunt uniți în respect și onoare.

În concluzie, Poziția "*La Ordin*" pentru doliu este un gest solemn și profund în francmasonerie, care semnifică respectul, onoarea și omagiul adus celor plecați dintre noi la Orientul Etern. Este un moment de reflecție, conexiune spirituală și unitate în comunitatea masonică, marcând trecerea masonilor de la un stadiu al vieții la altul, în spiritul valorilor și învățăturilor masonice.

BATERIA PENTRU DOLIU

Bateria pentru doliu este un element important al ceremoniilor masonice dedicate omagierii fraților trecuți la Orientul Etern și are o semnificație profundă în francmasonerie. Acest gest simbolic are rolul de a onora și de a marca trecerea unui frate mason în veșnicie. Iată o dezvoltare a semnificației și a importanței Bateriei pentru doliu în masonerie:

- *Omagierea Fraților plecați din această existență*

  Bateria pentru doliu este un act solemn de omagiu și respect față de frații masoni care au trecut în veșnicie.

  Prin această baterie, frații masoni își arată profundul respect pentru memoria celor trecuți la Orientul Etern și exprimă solidaritatea și unitatea lor în fața pierderii.

- *Baterie simbolică*

Faptul că bateria constă în trei lovituri ale palmei, cu o pauză între ele, are o semnificație specială în francmasonerie.

Triplul aspect al acestei baterii reprezintă trecerea fraților masoni prin cele trei stadii ale vieții masonice: Ucenic, Calfă și Maestru.

Fotografia are rol de a puncta însemnătatea acestei poziții. Modalitatea corectă este exemplificată în Ritualrile Masonice în vigoare.

Aceste lovituri semnifică că fratele mason a trecut de la un stadiu la altul și acum continuă pe calea sa spirituală.

• *Mesaj de speranță*

Rostirea cuvintelor *"Jelim, dar sperăm!"* împreuna cu bateria are o semnificație importantă. Aceasta exprimă speranța într-o viață veșnică sau într-o continuare a existenței spirituale după moartea fizică. Este un mesaj de consolare și încredere în puterea divină.

• *Solidaritate și unitate*

Bateria pentru doliu marchează momentul în care toți frații masoni se unesc într-un gest comun de omagiere și respect.

Aceasta subliniază unitatea lor ca frați în francmasonerie și arată că indiferent de diferențele individuale, frații masoni sunt uniți în fața morții și a pierderii unui membru al familiei lor.

• *Continuarea legăturilor masonice*

Această baterie simbolică reprezintă, de asemenea, continuarea legăturilor masonice cu frații plecați în veșnicie.

Prin acest gest, frații masoni își amintesc cu dragoste și respect de frații lor trecuți la Orientul Etern și își asumă angajamentul de a onora și de a păstra amintirea lor în continuare.

În concluzie, Bateria pentru doliu în francmasonerie are o semnificație profundă și solemnă, simbolizând omagierea, respectul, unitatea și speranța în

continuarea existenței spirituale. Este un gest care marchează trecerea fraților masoni în veșnicie și continuarea legăturilor lor masonice în ciuda morții.

VÂRSTA

În francmasonerie, vârsta Ucenicului, care este de trei ani, are o semnificație specială și simbolică. Această perioadă de timp este importantă pentru dezvoltarea și pregătirea unui mason în stadiul său inițial, și marchează începutul călătoriei sale în lumea masonică.

Iată o dezvoltare a semnificației vârstei Ucenicului în francmasonerie:

- *Perioadă de învățare și Inițiere*

Cei trei ani a Ucenicului reprezintă timpul necesar pentru a învăța, a se iniția și a absorbi cunoștințele și învățăturile masonice de bază. În această perioadă, Ucenicul este ghidat și instruit

de frații masoni mai experimentați pentru a-și dezvolta cunoștințele și înțelegerea în ceea ce privește simbolurile, ritualurile și valorile francmasoneriei.

- *Simbol al Inițierii*

Numărul trei are o semnificație specială în francmasonerie și este asociat cu inițierea. După ce în cadrul Ceremoniei de Inițiere, Ucenicul utilizează cele trei bătai pentru a fi admis în Lojă, el este ajutat să înțeleagă că aceste lovituri

simbolizează trecerea sa prin cele trei stadii ale vieții masonice: Ucenic, Calfă și Maestru.

Deci, trei ani de pregătire reflectă inițierea și dezvoltarea Ucenicului în cadrul acestor etape bine stabilite.

• *Timp de maturizare și transformare*

Perioada de trei ani oferă Ucenicului oportunitatea de a crește și de a se dezvolta în calitate de mason.

Acest timp de maturizare și transformare îi permite să-și interiorizeze valorile și principiile francmasoneriei și să devină un membru mai înțelept și mai experimentat al Lojii.

• *Angajament în timp*

Prin alocarea a trei ani pentru stadiul de Ucenic, Francmasoneria subliniază angajamentul serios pe care un mason trebuie să-l aibă față de învățare și dezvoltare.

Acest timp nu trebuie să fie luat în considerare ca un obstacol, ci mai degrabă ca o oportunitate de a se pregăti adecvat pentru viitoarele responsabilități masonice.

• *Continuitate și tradiție*

Vârsta de trei ani a Ucenicului are o lungă tradiție în francmasonerie și reflectă continuitatea și respectul pentru valorile și practicile masonice tradiționale. Este o modalitate de a menține și de a promova integritatea și autenticitatea francmasoneriei.

În concluzie, vârsta Ucenicului, care este de trei ani, simbolizează perioada inițială de pregătire și dezvoltare în francmasonerie și reflectă angajamentul serios al unui mason în ceea ce privește învățarea, creșterea și respectarea tradițiilor masonice. Este un timp de inițiere și maturizare, care marchează începutul călătoriei masonice a unui individ.

ÎNSEMNELE

În francmasonerie, însemnele Ucenicului reprezintă simboluri și elemente vestimentare cu semnificații profunde. Aceste însemne sunt purtate de către Ucenici și au un scop simbolic și ceremonial în cadrul ritualurilor masonice.

- *Șorțul alb cu bavetă triunghiulară ridicată*

Șorțul alb este un simbol important în francmasonerie și reprezintă puritatea și integritatea morală.

Culoarea albă simbolizează sinceritatea și imparțialitatea. Baveta triunghiulară ridicată, care este atașată la șorț, are forma unui triunghi și este un simbol al protecției fizice. Triunghiul este un simbol al Trinității și al inițierii, indicând faptul că Ucenicul se află în căutarea înțelegerii și dezvoltării spirituale.

- *Mănușile albe din piele sau mătase*

Mănușile albe purtate de către Ucenic reprezintă

simplitatea și puritatea acțiunilor și intențiilor sale.

Acestea simbolizează faptul că mâinile masonului sunt neatinse de păcat și sunt pregătite să lucreze în lumina cunoașterii și în scopul dezvoltării personale.

Materialul din care sunt confecționate, fie că este piele sau mătase, sugerează o atenție deosebită acordată detaliilor și calității în lucrările masonice.

- *Unitate și uniformitate*

Însemnele Ucenicului au și o componentă de unitate și uniformitate în cadrul Lojii. Toți Ucenicii poartă aceleași însemne, ceea ce simbolizează egalitatea și fraternitatea dintre frații masoni.

În cadrul ritualurilor masonice, aceste însemne sunt utilizate pentru a marca statutul inițial al Ucenicului și pentru a-i aminti de angajamentul său în căutarea luminii și a cunoașterii.

- *Rolul în Inițiere*

În timpul procedurii de admitere a unui candidat, acesta primește însemnele Ucenicului ca parte a ritualului de inițiere.

Aceste însemne îl identifică oficial ca Ucenic și îl introduc în lumea masonică.

Ele reprezintă, de asemenea, un simbol al angajamentului său față de principiile și valorile francmasoneriei.

În concluzie, însemnele Ucenicului din francmasonerie, cum ar fi șorțul alb cu bavetă triunghiulară ridicată şi mănuşile albe din piele sau mătase, au semnificaţii profunde legate de puritate, cunoaştere, dezvoltare spirituală şi unitate în cadrul Lojii. Aceste însemne servesc ca simboluri şi amintiri constante ale angajamentului masonului şi ale călătoriei sale în francmasonerie.

UNELTELE

Uneltele Ucenicului, adică Dalta şi Ciocanul, reprezintă simboluri importante în francmasonerie şi au semnificații profunde în cadrul acestei frății.

* *Dalta*

Dalta este un instrument folosit pentru a tăia şi modela piatra brută. În contextul francmasoneriei, Dalta simbolizează necesitatea auto-cunoaşterii şi auto-îmbunătățirii.

La fel cum căutăm să eliminăm imperfecțiunile şi neregularitățile dintr-un bloc de piatră pentru a crea o formă perfectă, Ucenicul Francmason îşi propune să-şi corecteze propriile imperfecțiuni şi să-şi dezvolte calitățile morale şi spirituale. Dalta reprezintă efortul asiduu şi angajamentul de a tăia din sine tot ceea ce este nefolositor şi inadecvat în căutarea perfecțiunii.

* *Ciocanul*

Ciocanul este un instrument de lucru esențial, folosit pentru a realiza loviturile precise necesare pentru a forma piatra brută. În francmasonerie, Ciocanul simbolizează voința şi forța de a munci pentru atingerea scopurilor şi obiectivelor.

Ucenicul învață că fără muncă grea şi concentrată, progresul şi dezvoltarea personală nu sunt posibile.

Ciocanul ne aminteşte că pentru a modela şi construi un caracter moral puternic, trebuie să depunem efort şi să fim hotărâți să depăşim obstacolele.

- *Complementaritatea uneltelor*

Dalta și Ciocanul sunt adesea prezentate împreună ca unelte inseparabile în francmasonerie. Această complementaritate sugerează că autocunoașterea și dezvoltarea personală nu pot fi realizate doar prin introspecție și meditație, ci necesită și acțiune și muncă asiduă.

Într-un sens mai larg, Dalta și Ciocanul reprezintă armonia dintre gândire și acțiune, între teorie și practică, care sunt esențiale pentru progresul în francmasonerie și în viața în general.

- *Rolul în Inițiere*

În timpul Ceremoniei de Inițiere în stadiul de Ucenic, candidatul primește aceste unelte în timpul ritualului ca parte a angajamentului său în francmasonerie. Ele îi reamintesc candidatului că este acum pe calea auto-cunoașterii și auto-dezvoltării și că va trebui să depună efort pentru a-și șlefui caracterul și a atinge perfecțiunea morală.

În concluzie, Dalta și Ciocanul sunt simboluri ale efortului, auto-îmbunătățirii și muncii constante în căutarea perfecțiunii morale și spirituale în francmasonerie. Aceste unelte reprezintă angajamentul masonilor în a-și modela caracterele și a contribui la construirea unei societăți mai bune prin exemplul lor de integritate și dezvoltare personală.

ACLAMAȚIA

Aclamația *"Houzze! Houzze! Houzze!"* are o semnificație specială în cadrul francmasoneriei și face parte din ritualurile masonice. Iată o dezvoltare a semnificației acestei aclamații:

- *Sunetul și simbolismul*

Aclamația *"Houzze! Houzze! Houzze!"* este rostită cu un sunet specific, pronunțată ca *"Uzé! Uzé! Uzé!"* cu un "H" mut.

Acest sunet distinctiv este ales pentru a se

diferența de alte cuvinte sau sunete, ceea ce îl face unic și ușor de recunoscut în cadrul ritualurilor masonice.

- *Apreciere și respect*

Aclamația este adesea folosită pentru a marca un moment important sau pentru a exprima aprecierea și respectul fraților masoni față de un eveniment sau o persoană.

De obicei, este rostită în cor de către frați și are rolul de a sublinia unitatea și solidaritatea din

cadrul Lojii.

* *Ritualistică și tradiție*

Aclamația face parte din tradiția și ritualurile francmasoneriei și este rostită în anumite circumstanțe specifice, de obicei după cele trei lovituri ale bateriei Ucenicului.

Această secvență de evenimente are semnificații și simboluri profunde în cadrul ritualurilor masonice, iar aclamația contribuie la crearea unei atmosfere sacre și ceremoniale.

* *Secret și exclusivitate*

Aclamația poate fi percepută și ca un simbol al secretului și exclusivității din francmasonerie.

Prin rostirea "*Houzze! Houzze! Houzze!*" cu un "H" mut, se accentuează faptul că există elemente în francmasonerie care sunt cunoscute doar fraților masoni și care sunt păstrate cu grijă în cadrul tradiției și riturilor lor.

În concluzie, aclamația "*Houzze! Houzze! Houzze!*" este un element important al ritualurilor masonice, care are semnificații multiple, inclusiv expresia aprecierii, marcarea momentelor semnificative și sublinierea exclusivității și secretului din francmasonerie.

Este o parte integrantă a ceremoniilor și a tradiției masonice, care contribuie la atmosfera solemnă și sacralitatea acestor evenimente.

ORELE DE DESCHIDERE ȘI ÎNCHIDERE A LUCRĂRILOR

Orele de deschidere și închidere a lucrărilor în francmasonerie sunt un aspect important al ritualurilor și au semnificații profunde.

Iată o dezvoltare a semnificației acestor ore:

- *Miezul zilei și miezul nopții*

Deschiderea lucrărilor la miezul zilei și închiderea la miezul nopții au semnificații simbolice în francmasonerie.

Miezul zilei simbolizează lumină, cunoaștere și înțelepciune, iar miezul nopții reprezintă întunericul, necunoașterea și misterul.

Această alegere reflectă căutarea luminii și a cunoașterii în cadrul francmasoneriei.

- *Început și final*

Ora de deschidere marchează începutul lucrărilor în Lojă, reprezentând momentul în care frații se adună pentru a începe activitățile masonice.

Închiderea la miezul nopții semnifică finalul lucrărilor, momentul în care frații se pregătesc să se despartă și să se întoarcă în lumea exterioară.

Aceste ore reprezintă un cadru temporal pentru activitățile masonice.

- *Simbolismul luminii și întunericului*

Francmasoneria este cunoscută pentru utilizarea simbolismului luminii și întunericului. Lumina este asociată cu cunoașterea, adevărul și înțelepciunea, în timp ce întunericul reprezintă ignoranța și lipsa cunoașterii.

Prin deschiderea la miezul zilei, se subliniază căutarea luminii interioare și a cunoașterii, iar închiderea la miezul nopții amintește fraților de necesitatea de a păstra secretele și înțelepciunea

masonică în liniște și siguranță.

- *Ciclul natural*

Deschiderea și închiderea la miezul zilei și miezul nopții reflectă ciclul natural al lumii. Această alegere poate simboliza ideea că Francmasoneria este în armonie cu natura și că se învăluie în misterul natural al lumii.

- *Disciplină și respect*

Orelor de deschidere și închidere li se acordă o atenție deosebită în francmasonerie. Aceste

momente marchează trecerea de la lumea exterioară la cea masonică și invers. Respectarea precisă a acestor ore indică disciplina și respectul față de tradiția și ritualurile masonice.

În concluzie, orele de deschidere și închidere a lucrărilor în francmasonerie au semnificații multiple, inclusiv simbolizarea căutării luminii și a cunoașterii, marcarea începutului și finalului lucrărilor, reflectarea ciclului natural și sublinierea disciplinei și a respectului în cadrul Lojii. Aceste ore contribuie la atmosfera solemnă și profundă a activităților masonice.

ÎNDATORIRILE UCENICULUI MASON

PRINCIPALELE ÎNDATORIRI ALE INIȚIATULUI

Principalele îndatoriri ale unui inițiat în francmasonerie reprezintă o parte crucială a angajamentului său în cadrul acestei străvechi frății secrete. Este important să înțelegem că ritualurile inițiatice masonice nu sunt similare cu hirotonisirea sau alte ceremonii religioase.

Devenirea unui mason după inițierea tradițională nu înseamnă automat dobândirea tuturor calităților și trăsăturilor care îl diferențiază pe un gânditor iluminat de o persoană necioplită sau lipsită de inteligență.

Ceremonia de Inițiere este mai degrabă o reprezentație simbolică și o etapă inițială pe drumul unui neofit către cunoaştere şi dezvoltare personală în francmasonerie.

Iniţierea reprezintă începutul călătoriei şi programul pe care masonul novice trebuie să-l urmeze pentru a-şi dezvolta potenţialul în întregime.

Principalele îndatoriri ale unui iniţiat în francmasonerie includ:

* *Căutarea cunoaşterii*

   Un mason este în căutarea constantă a cunoaşterii şi înţelegerii, încurajând dezvoltarea

continuă a minții sale.

- *Respectarea valorilor morale*

Un mason este obligat să promoveze și să trăiască după principii etice și morale înalte, inclusiv adevărul, dreptatea și frumusețea.

- *Păstrarea secretelor și confidențialitatea*

Un mason are datoria să păstreze secretul învățăturilor și ritualurilor Masoneriei, manifestând confidențialitate și discreție față de profani.

- *Înțelegerea simbolurilor și alegoriilor*

Un mason caută permanent să înțeleagă semnificațiile profunde ale simbolurilor și alegoriilor masonice pentru a le aplica în viața sa cotidiană.

- *Sprijinirea Fraților*

Un mason este încurajat să dezvolte o legătură strânsă cu ceilalți membri ai francmasoneriei și să ofere sprijin și prietenie fraților săi.

- *Supunerea în faţa legilor și regulilor*

Un mason respectă legile și regulamentele Masoneriei și se supune autorităților masonice legitime.

Aceste îndatoriri reprezintă angajamentul fundamental al unui mason față de Masonerie și reflectă scopurile nobile ale acestei organizații de a promova dezvoltarea personală și morală a membrilor săi și de a contribui la binele comun prin principiile și valorile sale.

Principala sarcină a unui ucenic în francmasonerie este să înțeleagă profund semnificațiile și simbolurile din Ceremonia de Inițiere și să le aplice în mod activ în viața sa cotidiană, pentru a trăi în conformitate cu valorile masonice.

Această sarcină este esențială și definitorie pentru un ucenic, deoarece servește ca bază pentru toate celelalte îndatoriri și responsabilități masonice pe care le va îmbrățișa în continuare.

Cu toate acestea, pentru a îndeplini cu succes

această sarcină, un începător are nevoie de îndrumări mai specifice și detaliate. Inițierea în francmasonerie aduce cu sine un nou set de învățăminte, simboluri și valori, iar un ucenic trebuie să înțeleagă pe deplin cum să le integreze în viața sa.

Astfel, el poate avea nevoie de ghidare și de învățători mai experimentați pentru a naviga cu succes prin acest proces de aprofundare și dezvoltare.

În acest sens, membrii mai vechi ai francmasoneriei au un rol important, ei oferind îndrumare și sprijin practic noilor inițiați. Ei pot împărtăși înțelepciunea lor, pot ajuta la interpretarea simbolurilor și alegoriilor, și pot servi ca modele pentru aplicarea învățăturilor masonice în viața de zi cu zi.

Astfel, ucenicii pot învăța mai eficient și pot dobândi înțelegerea profundă necesară pentru a-și îndeplini îndatoririle în francmasonerie și pentru a contribui la dezvoltarea lor personală și spirituală.

Aceste îndatoriri sunt îmbrăcate în jurământul solemn pe care un mason îl face înainte de a primi Lumina, și ele reprezintă angajamentul său față de francmasonerie și față de comunitatea masonică.

Aceste îndatoriri nu sunt doar simple cuvinte sau formalități, ci reprezintă angajamentul profund al unui mason față de Masonerie și față de dezvoltarea sa personală și morală.

Ele reflectă esența și principiile acestei organizații și reprezintă ghidul care îi ajută pe masoni să trăiască în conformitate cu valorile Masoneriei și să contribuie la binele comun.

În esenţă, aceaste obligaţii ce este necesar să fie asumate şi respectate subliniază importanţa angajamentului Ucenicului Francmason pentru o societate bazată pe valori morale şi etice, în care dreptatea, corectitudinea şi iubirea aproapelui sunt prioritare în toate aspectele vieţii.

DISCREȚIA MASONICĂ

În procesul de dezvoltare a capacităților de gândire și înțelegere, o conduită intelectuală înțeleaptă este să acorzi mai mult timp ascultării și meditației decât vorbirii excesive. Gândurile și ideile se formează cel mai bine în momentele de meditație și reflecție individuală, în cadrul unei conversații cu propriul sine. Acest proces de contemplare liniștită permite individului să exploreze și să dezvolte idei în profunzime și să își clarifice opiniile cu privire la diferite subiecte.

Înțelepciunea clasică subliniază că oamenii înțelepți, în general, vorbesc puțin și reflectează mult înainte de a-și exprima opiniile. Aceasta se datorează faptului că opiniile autentice și bine fundamentate provin din confruntări lăuntrice și din reflecții profunde asupra unor subiecte. Prin urmare, înțeleptul este precaut în ceea ce privește vorbirea sa și preferă să fie atent la ceea ce ceilalți au de spus înainte de a-și prezenta propria perspectivă.

Această conduită intelectuală înțeleaptă și meditativă este la fel de relevantă pentru tinerii masoni. Un tânăr mason ar trebui să manifeste rezervă și să evite să fie prea vorbăreț sau insistent în încercarea de a convinge pe alții să se alăture francmasoneriei. El ar trebui să își dezvolte înțelegerea și învățăturile masonice în mod discret și să își lărgească cunoștințele și înțelepciunea în tăcere și contemplare.

Prin această abordare, el poate să devină un mason mai înțelept și mai pregătit să adere la valorile și principiile Masoneriei, în timp ce își dezvoltă și abilitățile de gândire și înțelegere.

Este crucial să înțelegem că una dintre cele mai mari greșeli pe care le putem face este să permitem ca adevărul să fie interpretat greșit. Riscând să ne exprimăm într-un mod care poate duce la înțelesuri distorsionate sau incorecte este nu doar periculos, ci și dăunător. În comunicare, trebuie să ne punem întotdeauna în locul celui care ne ascultă și să fim conștienți de felul în care mesajul nostru este perceput de către ceilalți.

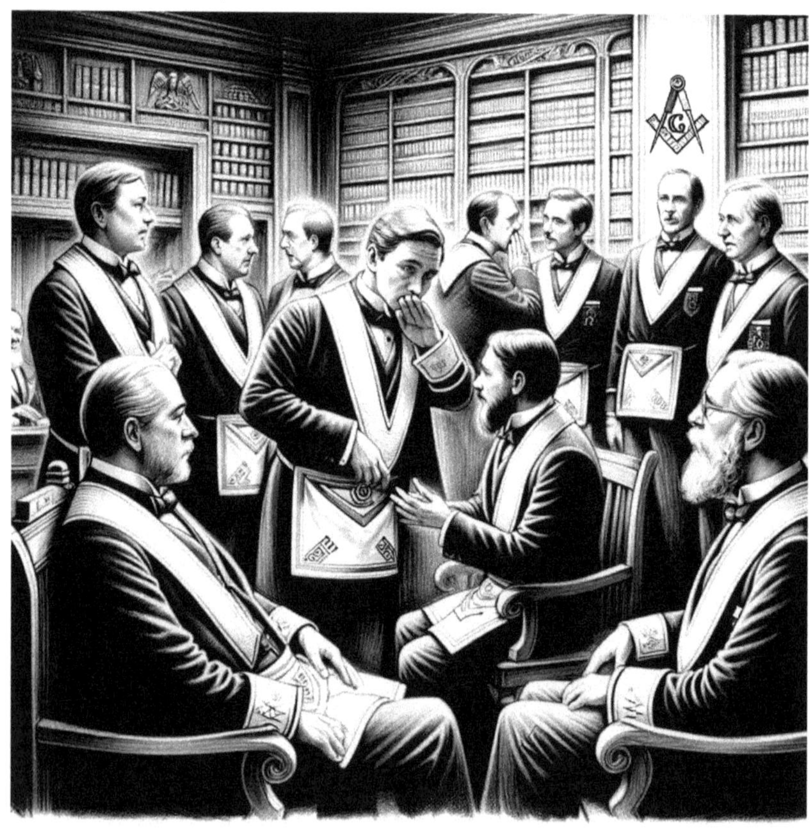

Un principiu fundamental în francmasonerie, dar și în comunicare în general, este să fim clarvăzători în cuvinte și să evităm să creăm confuzii sau să lăsăm loc pentru interpretări eronate. Comunicarea eficientă implică să împărtășim ideile într-un mod clar, simplu și coerent, astfel încât mesajul să fie înțeles corect și complet.

De asemenea, este important să evităm orice tentație de a folosi cunoștințele noastre sau ideile neobișnuite doar pentru a impresiona pe cei cu care intrăm în contact.

În francmasonerie, precum și în viața de zi cu zi, este mai valoros să împărtășim învățăminte și idei într-un mod modest și respectuos, astfel încât ceilalți să poată asimila învățăturile într-un ritm adecvat și să le aplice în mod util în propriile lor vieți.

În final, trebuie să avem în vedere că toate cuvintele și ideile pot avea un impact profund asupra celorlalți, și de aceea trebuie să fim responsabili în modul în care le comunicăm. Comunicarea sănătoasă și respectuoasă poate contribui la înțelegerea reciprocă și la crearea unui mediu propice dezvoltării personale și a iluminării în francmasonerie, precum și în societate în general.

Atunci când un mason trece prin inițiere și legătura simbolică i-a fost îndepărtată de pe ochi, experiența poate fi similară cu o explozie de lumină, o revelație care iluminează și transformă perspectiva sa asupra lumii.

Momentul de iluminare este profund și adesea asociat cu o senzație de conștientizare și înțelegere extinsă.

Cu toate acestea, în ciuda acestei experiențe personale profunde, este esențial ca masonii să fie respectuoși și deschiși față de convingerile și opiniile celorlalți. Francmasoneria promovează dialogul și dezbaterea constructivă, iar acest lucru înseamnă ascultarea cu bunăvoință a punctelor de vedere diferite, fără a face o afișare exagerată a opiniilor masonice personale.

Un aspect important al acestui proces este abilitatea de a-și forma propriile opinii în orice situație, având

în vedere toate argumentele și pledoariile părților implicate. Acest lucru presupune abilitatea de a evalua în mod obiectiv diversele perspective și de a cumpăni argumentele cu imparțialitate.

Prin această practică, masonii pot deveni gânditori independenți sau liber-cugetători în cel mai adevărat sens al cuvântului.

În esență, Francmasoneria încurajează dezvoltarea unui spirit critic și a unei abordări raționale față de problemele filozofice și morale.

Această deschidere la diverse perspective și capacitatea de a evalua obiectiv argumentele pot contribui la înțelegerea profundă și la evoluția personală a fiecărui mason. Astfel, masonii devin mai bine pregătiți să aducă lumină și înțelepciune în propriile lor vieți și în comunitatea lor.

Un principiu fundamental în francmasonerie este respectarea strictă a confidențialității și a secretului. Aceasta se datorează faptului că masonii au o legătură solidă și un angajament reciproc față de francmasonerie și față de ceilalți membri ai organizației. Această legătură este fundamentată pe un contract formal de reciprocitate, în care fiecare mason are obligații față de ceilalți.

Pentru a-și onora aceste obligații și pentru a-și proteja organizația și membrii săi, este crucial ca masonii să păstreze discreția și să nu dezvăluie detaliile învățăturilor și ritualurilor Masoneriei către profani sau persoane neautorizate. Aceasta implică, de asemenea, menținerea secretului cu privire la mijloacele de recunoaştere între masoni, care sunt metode specifice pentru a identifica şi comunica cu ceilalţi membri.

Secretul în francmasonerie nu are doar un scop de protecţie, ci şi de a menţine integritatea şi autenticitatea acestei organizaţii străvechi. El ajută la identificarea iniţiaţilor şi la asigurarea că membrii săi pot avea încredere unii în ceilalţi în toate aspectele legate de francmasonerie.

De asemenea, secretul oferă un sentiment de apartenenţă şi exclusivitate membrilor, care împărtăşesc cunoaşterea şi înţelegerea într-un mediu de încredere.

Prin urmare, păstrarea secretului şi a discreţiei în francmasonerie este un aspect vital al angajamentului şi respectului faţă de comunitatea masonică. Aceasta contribuie la menţinerea integrităţii şi autenticităţii francmasoneriei şi la consolidarea legăturii solide dintre masoni.

În francmasonerie există o regulă strictă care interzice adepţilor să dezvăluie anumite elemente ale ritualurilor masonice în afara templelor, cu scopul de a preveni ca aceste informaţii să fie luate în derâdere sau să fie distorsionate de către minţi superficiale. Această precauţie se datorează faptului că Francmasoneria are învăţături şi simboluri profunde şi semnificaţii ascunse care ar putea fi înţelese greşit sau manipulate în afara contextului masonic adecvat. De aceea, masonii sunt îndemnaţi să fie extrem de precauţi cu privire la discuţiile lor despre ritualuri în afara templelor masonice.

Cu toate acestea, în ciuda acestor măsuri de precauţie, nu se poate nega faptul că unele informaţii cu privire la formele externe ale ritualurilor masonice au fost divulgate în publicaţii încă de la începutul secolului al XVIII-lea. Cu toate acestea, chiar dacă aspectele exterioare ale ritualurilor pot fi găsite în surse publice, latura lor ezoterică şi înţelesurile profunde rămân în continuare un secret pentru cei care nu sunt iniţiaţi în francmasonerie.

Acest lucru subliniază importanţa profundă a experienţei iniţierii în francmasonerie. Ritualurile

masonice nu sunt doar o serie de proceduri exterioare, ci includ înțelesuri profunde și ezoterice care sunt transmise și înțelese doar de către cei care au fost inițiați. Latura ezoterică a învățăturilor masonice rămâne protejată și transmisă cu grijă pentru a asigura că numai cei care au angajamentul și respectul față de frați pot beneficia de înțelepciunea și înțelesul său profund.

Practica tăcerii în rândul masonilor de odinioară a avut un efect puternic asupra celor care încercau să calomnieze sau să defăimeze.

Masonii de atunci au fost cunoscuți pentru stoicismul lor și pentru abilitatea de a rezista presiunilor și calomniilor până când adevărul a ieșit la lumină.

Acest fenomen este similar cu expresia *"Apa trece, pietrele rămân"*, sugerând că masonii au rămas fermi în credințele și practicile lor, indiferent de zvonurile sau acuzele nefondate, care trec ca apa peste ceea ce este solid și stabil.

Cu toate acestea, este important să înțelegem că puterea tăcerii nu constă doar în a rămâne neafectat de critici sau acuzații false. În sine, gândirea profundă și înțelegerea învățăturilor masonice sunt o forță subtilă, dar puternică, care poate influența voința altora și poate contamina gândirea lor cu principiile și valorile masonice, chiar fără a fi exprimată în cuvinte sau în scris.

Acest concept subliniază faptul că masonii nu trebuie să se bazeze doar pe cuvinte pentru a-și transmite învățăturile și pentru a îi influența pe ceilalți.

Prin comportamentul lor, prin modul în care trăiesc în conformitate cu principiile masonice și prin exemplul lor, masonii pot să inspire și să influențeze pozitiv pe cei din jur. Acest aspect subliniază importanța vieții în conformitate cu învățăturile Masoneriei și a aderării la valorile sale în fiecare aspect al vieții personale.

În concluzie, tăcerea și exemplul personal pot fi mijloace puternice prin care masonii își pot promova valorile și pot influența voința altora în cadrul societății lor. Acest lucru subliniază esența subtilă și profundă a impactului Masoneriei asupra indivizilor și asupra

comunităților în care se regăsesc.

Aprofundând înțelesurile gândirii și învățăturilor Masoneriei, inițiatul adoptă practica tăcerii ca parte a dezvoltării sale spirituale și intelectuale.

Tăcerea nu înseamnă doar absența vorbelor, ci reprezintă o concentrare interioară profundă, prin care inițiatul acumulează puterea mentală și spirituală necesară pentru a propaga ideile sale într-un mod eficient și semnificativ.

Prin practicarea tăcerii, inițiatul devine un conspirator în sensul că el este capabil să acționeze în mod deliberat și cu un scop bine definit. Acesta nu este un conspirator în sensul comun al cuvântului, ci mai degrabă în sensul că el are acces la o formă înaltă de acțiune - gândirea orientată. Inițiatul înțelege profund puterea gândirii și își folosește această abilitate cu deplină cunoaștere de cauză.

Cu toate acestea, este important de subliniat că practicarea tăcerii nu scuză inacțiunea. Un mason nu trebuie doar să cunoască învățăturile Masoneriei și să le propage prin gândirea sa orientată, ci trebuie să le urmeze și în acțiuni practice în viața sa de zi cu zi. Așa cum înțelepciunea Masoneriei îndeamnă la dezvoltarea individuală și la cultivarea virtuților, un inițiat trebuie să își exemplifice principiile în comportamentul său și în interacțiunile sale cu ceilalți.

În final, practica tăcerii și a acțiunii coerente cu învățăturile Masoneriei reprezintă o parte esențială a dezvoltării personale și a implicării active în Ordin. Această abordare profundă și concentrată contribuie la creşterea înţelegerii şi a influenţei masonului asupra lumii din jurul său.

TOLERANŢA MASONICĂ

Capacitatea de a lua în considerare şi de a evalua cu discernământ diferite opinii şi concepţii este o trăsătură esenţială a unui gânditor matur şi a unui mason învăţat. Să hotărăşti unilateral asupra unei

opinii, fără a ține cont de alte perspective, este un semn de superficialitate.

Importanța abordării raționale și a respectării punctelor de vedere ale celor din jur în francmasonerie și în viața în general reprezintă calea spre adevărata toleranță fraternă.

Atunci când masonii se angajează în dialog și dezbatere, ei sunt încurajați să asculte cu atenție și să acorde atenție opinilor exprimate de alții, chiar și atunci când aceste opinii sunt opuse. Astfel se poate explica faptul că. adevărul poate fi perceput și înțeles din diferite perspective și că abordarea din mai multe puncte de vedere poate dezvălui aspecte diverse și profunde ale unei probleme.

Este important să se sublinieze că această deschidere către diverse perspective nu înseamnă că toate concepțiile sunt la fel de valide sau că toate argumentele sunt echivalente. În schimb, subliniază importanța dialogului constructiv, a ascultării și a evaluării raționale a diferitelor opinii în căutarea adevărului. Astfel, masonii sunt încurajați să devină gânditori critici și independenți, care sunt capabili să discearnă și să înțeleagă mai bine complexitatea lumii din jurul lor.

În concluzie, capacitatea de a lua în considerare și de a evalua cu echilibru diferite opinii și concepte reprezintă o abilitate valoroasă în francmasonerie și în dezvoltarea personală. Aceasta promovează gândirea rațională, respectul față de diversitatea de opinii și căutarea adevărului într-o manieră profundă şi cuprinzătoare.

În fiecare opinie există un nucleu de adevăr, iar această convingere subliniază faptul că nimeni nu este infailibil şi că niciun individ nu deţine monopolul adevărului absolut. Este important să recunoaştem că fiecare persoană are propria sa perspectivă şi înţelegere, şi nu ar trebui să ne aşteptăm ca toţi să gândească la fel ca noi în toate privinţele, subliniind astfel necesitatea toleranţei şi a deschiderii către diverse opinii şi abordări.

Mintea umană este complexă și în curs de dezvoltare. Ea se apropie de adevăr treptat, pe măsură ce asimilează informații și experiențe.

Rabelais spunea:

"Nu-i împingeți de la spate pe cei rămași în urmă, pentru a-i sili să meargă împotriva voinței lor; e destul să mergeți cu un pas înaintea lor spre a le da curaj: vă vor urma cu siguranță.

Feriți-vă, mai ales, să acționați prin sentințe, teze și dogme; nu există nimic mai străin spiritului masonic. Decât să vă impuneți stilul de gândire, mai bine faceți-i pe ceilalți să descopere, la rându-le, ceea ce voi înșivă ați descoperit. Gândiți și faceți-i și pe ceilalți să gândească."

Forțarea cuiva să adopte rapid o anumită perspectivă sau convingere nu este întotdeauna cea mai eficientă cale. Mai degrabă, rezultatele semnificative sunt obținute atunci când intervenim cu discreție și cu respect pentru procesul natural de învățare și de dezvoltare a minții umane.

În acest sens, deviza lui Rabelais menționată mai sus poate fi interpretată ca un avertisment împotriva excesului de zel în impunerea propriei viziuni sau a propriilor convingeri asupra altora.

Este important să evităm forțarea altora să accepte sau să adopte viziunea noastră, și mai degrabă să încurajăm dialogul deschis, schimbul de idei și ascultarea atentă pentru a ajunge la o înțelegere mai profundă și la un consens constructiv.

În concluzie, aceste principii subliniază nevoia de toleranță, respect față de diversitatea de opinii și abordări și înțelegerea faptului că progresul în gândire și în înțelegerea adevărului se realizează treptat și cu respect pentru procesul individual de dezvoltare a minții umane.

CĂUTAREA ADEVĂRULUI

Francmasoneria se distinge în mod semnificativ de cultele religioase prin faptul că nu pretinde să dețină monopolul adevărului absolut.

Această caracteristică fundamentală subliniază natura deschisă și non-dogmatică a învățăturilor masonice. În contrast cu bisericile sau credințele care aderă la dogme și crezuri specifice, Francmasoneria nu impune nicio convingere sau doctrină particulară.

În schimb, promovează ideea ca fiecare mason să își construiască propriul set de convingeri și principii

folosindu-şi propriile resurse intelectuale şi spirituale.

Un mason este încurajat să dezvolte abilitatea de a gândi critic şi independent. Iniţierea în Masonerie îl ajută să dobândească *"Arta de a gândi"*, definită ca şi capacitatea de a evalua, analiza şi sintetiza informaţii, astfel încât să poată forma convingeri solide şi înţelepte. Aceasta îl încurajează să fie un individ cu o minte deschisă, capabil să exploreze diverse perspective şi să se angajeze într-o căutare continuă a cunoaşterii şi a adevărului.

Abordarea non-dogmatică şi deschisă face ca Francmasoneria să fie un mediu în care gânditorii independenţi pot prospera. Nu există presiuni de a adera la o credinţă sau la o dogmă specifică, ceea ce permite masonilor să îşi dezvolte propria înţelegere a vieţii, a moralităţii şi a lumii înconjurătoare.

În consecinţă, Francmasoneria încurajează diversitatea de opinii şi promovează toleranţa faţă de diferite perspective.

În final, Francmasoneria nu caută să impună un sistem rigid de credinţe, ci mai degrabă să promoveze dezvoltarea personală şi spirituală a fiecărui mason prin cultivarea abilităţii lor de a gândi independent şi de a forma convingeri în conformitate cu propriile lor experienţe şi învăţături.

Această artă se referă la procesul de dezvoltare spirituală şi intelectuală a individului, asemenea prelucrării unui material brut. În esenţă, implică eliminarea erorilor şi a gândirii superficiale care pot îngreuna sau chiar împiedica înţelegerea şi acceptarea adevărului. Adevărul, în concepția masonică, este omniprezent, dar deseori rămâne ascuns sub stratul de erori, prejudecăți și superstiții. Prin urmare, esența acestei arte constă în a dezvălui adevărul din mijlocul tuturor acestor obstacole.

Superstiția este privită ca o crustă împietrită sau o formă învechită și rigidă a unei idei adevărate care, în timp, a fost distorsionată sau coruptă. Aceasta poate să păstreze convingeri care nu se bazează pe realitate sau pe înțelegere profundă, ci mai degrabă pe obiceiuri, tradiții sau credințe nefondate.

În francmasonerie, munca asupra materialelor simbolizează eforturile depuse de fiecare mason pentru a-și curăța gândirea de erori și prejudecăți, pentru a căuta adevărul și pentru a dezvolta o înțelegere mai profundă și mai autentică a lumii și a vieții. Acest proces implică un angajament sincer în auto-reflecție și auto-corectare, precum și un apel la rațiune și discernământ pentru a depăși superstițiile și concepțiile greșite.

În final, procesul de prelucrare a materialului în francmasonerie se referă la căutarea și eliberarea adevărului din adâncurile gândirii umane, eliminând obstacolele care îl îngreunează. Acest demers reflectă dorința masonilor de a ajunge la o înțelegere mai profundă și mai autentică a lumii și de a deveni indivizi mai buni și mai iluminați.

Să fim deschiși și să nu respingem în mod prematur nicio idee sau perspectivă.

A respinge în avans orice informație sau concept înseamnă să se limiteze judecata și capacitatea de a avea o perspectivă obiectivă. Adevăratul căutător al adevărului nu se închide într-un cerc strâmt al propriilor convingeri, ci este deschis la o varietate de idei care ar putea să-i schimbe perspectiva sau să-l ajute să înțeleagă mai bine adevărul.

Este important să avem o minte deschisă și receptivă la idei noi și la provocările convingerilor noastre preexistente.

Un individ care are convingeri fixe și refuză să le pună sub semnul întrebării nu demonstrează o conștiință luminată sau o deschidere către progres. Mai degrabă, se comportă ca un autoritar care se consideră infailibil și care nu este dispus să se adapteze sau să învețe din experiență.

Inițierea în francmasonerie ar trebui să contribuie la eliberarea individului de tirania dogmei și a convingerilor rigide.

Dacă un mason continuă să fie prizonier al propriilor convingeri fixe, înseamnă că nu a înțeles cu adevărat scopul și valorile francmasoneriei. Francmasonul adevărat ar trebui să aspire la o minte deschisă și la o cercetare continuă a adevărului, în loc să rămână ancorat în dogme sau în convingeri limitate.

Prin urmare, el trebuie să fie dispus să-și pună propriile convingeri la îndoială și să caute în permanență să-și îmbunătățească înțelegerea și conștiința.

IMPLICAREA SOCIALĂ

Dacă Francmasoneria ar fi limitată doar la speculații abstracte şi teoretice, ea ar rămâne într-un univers izolat, incapabil să răspundă la provocările şi răul care afectează umanitatea. Răul nu se limitează la acțiuni exterioare, ci poate afecta şi inimile celor mai generoşi oameni, inclusiv a inițiaților în francmasonerie. Acest lucru înseamnă că membrii francmasoneriei nu sunt imuni la influența negativă a răului din lume.

Francmasoneria nu urmează calea misticii care se concentrează doar asupra propriei lor perfecțiuni și se izolează de lumea coruptă.

În schimb, inițiații în francmasonerie sunt motivați să se implice în lumea lor, să acționeze pentru binele comun și să împărtășească valorile și învățăturile lor cu ceilalți. Ei nu împărtășesc indiferența sau insensibilitatea celor care se bucură de privilegii materiale exclusive și care sunt nepăsători față de suferința și nevoile celor din jur.

Astfel, Francmasoneria încurajează membrii săi să fie actori activi în lupta împotriva răului și să aducă schimbări pozitive în lume. Ea promovează o viziune umanitară și o orientare către binele comun, inspirând membrii săi să fie buni cetățeni și să se implice în acțiuni benefice pentru societate.

În acest sens, Francmasoneria încearcă să aducă echilibru între speculație și acțiune, între dezvoltarea individuală și contribuția la binele colectiv.

Omul cu inimă bună este sensibil la nedreptatea din jurul său, chiar și atunci când el însuși nu este direct afectat. Empatia și preocuparea pentru soarta celorlalți sunt caracteristici umane care ne leagă și ne unesc ca membri ai familiei umane.

A fi indiferent față de suferința sau nedreptatea experimentată de alții înseamnă să fie rupte aceste legături de solidaritate.

Fiecare om este parte a unei colectivități, dar identitatea și puterea personală este în mare parte datorată acestei apartenențe la grupul din care face parte. A se dezlipi sau a se izola de această conexiune înseamnă a renunța la viață într-un sens mai larg.

Egoismul, atunci când cineva trăiește exclusiv pentru sine și este indiferent la suferința altora, îl face să înceteze să participe la viața comunității umane. Devine ca un corp străin în organismul societății și poate contribui la problemele și disfuncționalitățile sociale.

În acest context, Francmasoneria încurajează membrii săi să cultive compasiunea, empatia și

solidaritatea cu ceilalți. Ea promovează o viziune a lumii în care fiecare individ se consideră parte a unei comunități mai mari și își asumă responsabilitatea pentru binelui comun.

În acest fel, Francmasoneria contribuie la formarea cetățenilor conștienți și implicați în construirea unei societăți echitabile și mai umane.

Francmasoneria este o fraternitate globală formată din oameni onești și dedicați sincer binelui comun.

Atunci când indivizi cu voințe puternice acționează în unison, sunt capabili să obțină rezultate remarcabile și să facă schimbări semnificative în lume. Aceasta este esența puterii voinței corecte, care reprezintă o forță motrice pentru realizarea obiectivelor.

Această idee subliniază importanța unității și colaborării în îndeplinirea unor scopuri nobile.

Atunci când oamenii cu principii comune și obiective similare se unesc, ei pot depăși obstacolele și pot aduce schimbări pozitive în societate. Puterea colectivă poate fi direcționată către promovarea justiției, egalității și progresului pentru toți membrii comunității.

Astfel, Francmasoneria reprezintă o comunitate de oameni care împărtășesc valorile comune ale cinstei, corectitudinii și binelui comun. Ei lucrează împreună pentru a realiza aceste idealuri și pentru a face lumea un loc mai bun pentru toți.

FRATERNITATEA ÎNTRE INIȚIAȚI

Puterea unei asociații (aici mă refer la o asociere între Frați, nu la o Asociație constituită juridic) depinde în mare măsură de trăinicia legăturilor dintre membrii săi. Cu cât aceste legături sunt mai strânse, cu atât organizația devine mai puternică.

În cazul francmasoneriei, această unitate nu se bazează pe o disciplină rigidă impusă, ci pe afecțiunea

reciprocă și respectul dintre frați.

Construirea și menținerea acestei unități este esențială, iar pentru a o realiza, se utilizează diverse mijloace.

Primul pas în acest proces este ca frații să se întâlnească și să se cunoască reciproc. Aceste întâlniri oferă oportunitatea de a evalua personalitățile și caracteristicile fiecărui membru și, în același timp, de a dezvolta respectul și încrederea reciprocă.

Participarea regulată la reuniunile masonice este

crucială pentru a construi aceste legături. În acest mediu, fiecare membru trebuie să aibă o conduită care să atragă simpatia celorlalți, să fie înțelegător față de defectele lor și să cultive o atmosferă de toleranță și acceptare.

Astfel, în francmasonerie, unitatea și solidaritatea sunt promovate și susținute prin interacțiuni regulate, înțelegere reciprocă și respect pentru diversitatea membrilor.

Această unitate contribuie la forța organizației și la capacitatea sa de a acționa în beneficiul binelui comun.

Omul este mereu înzestrat cu imperfecțiuni. Este important să dezvoltăm capacitatea de a trece cu vederea slăbiciunile celor din jurul nostru, să recunoaștem și să apreciem calitățile colaboratorilor noștri, și să privim cu înțelegere asperitățile lor personale.

Asemenea unei construcții solide, în care pietrele sunt unite cu mortarul celei mai sincere prietenii, relațiile noastre trebuie să fie consolidate prin toleranță și încredere reciprocă.

Trecerea cu vederea a imperfecțiunilor și focalizarea pe aspectele pozitive ale celorlalți permite construirea de relații durabile precum și posibilitatea dezvoltării de legături mai profunde cu cei din jur. În acest fel, masonii pot lucra împreună pentru a atinge obiective comune și pentru a crea un mediu de sprijin și înțelegere în comunitatea masonică.

Prin practicarea acestei atitudini de toleranță și acceptare față de imperfecțiunile oamenilor, este posibilă dezvoltarea unei lumi mai bune, bazată pe compasiune, respect și solidaritate.

RESPECTUL PENTRU LEGE

Deasupra legilor convenționale, care sunt create de societate și guverne, există o lege ideală, adânc înrădăcinată în conștiința oamenilor buni. Această lege divină este considerată de către inițiați ca fiind supremă și ei îi datorează supunere neclintită.

În ceea ce priveşte legile obişnuite, chiar dacă pot fi imperfecte sau pot suferi modificări în timp, ele trebuie respectate ca un element fundamental al oricărei civilizaţii. Aceste legi convenţionale servesc drept garanţie împotriva arbitrariului, contribuind la menţinerea ordinii şi a stabilităţii în societate. Ele reprezintă un pact social şi un semn al recunoaşterii faptului că oamenii trebuie să trăiască în conformitate cu anumite reguli şi norme pentru a coexista într-un mediu armonios.

Prin urmare, iniţiaţii înţeleg că, în plus faţă de

supunerea lor față de legea divină, trebuie să respecte și legile convenționale ale societății în care trăiesc. Respectarea a legilor obișnuite este o manifestare a respectului față de autorități și un angajament pentru menținerea ordinii și a justiției în societate.

Astfel, inițiații încearcă să îmbine înțelepciunea divină cu responsabilitatea civică pentru a contribui la buna funcționare a comunității lor.

Un inițiat înțelege importanța supunerii legilor, chiar și atunci când acestea par nedrepte sau incorecte. Acest principiu este bazat pe ideea că legile, chiar dacă pot fi imperfecte, sunt fundamentale pentru menținerea ordinii și stabilității în societate.

În istorie, există numeroase exemple de personalități care au preferat să se supună legilor, chiar dacă acestea păreau injuste.

De exemplu, Socrate, celebrul filosof grec, a ales să bea cucută, acceptând pedeapsa hotărâtă de lege, în loc să se sustragă ei. Acest act a subliniat angajamentul său față de respectarea legilor și ordinei sociale, chiar dacă era în dezacord cu decizia autorităților.

Alte exemple notabile includ acțiunile lui Robespierre în timpul Revoluției Franceze. Chiar și în poziția sa de lider, el a refuzat să cheme poporul în ajutor și să recurgă la violență pentru a-și menține puterea, manifestând un respect riguros față de principiile legale și ordinea de drept.

În ceea ce privește francmasonii, ei au o strictă conformitate cu legile din țările din Jurisdicția în care activează. Ei nu conspiră împotriva niciunei autorități legal constituite şi respectă legile statului.

Acţiunile umanitare ale masoneriei au în vedere binele comun şi nu sunt îndreptate împotriva guvernelor legitime.

Prin urmare, francmasonii încearcă să promoveze schimbarea şi reforma în cadrul ordinei legale, fără a încălca legea sau provocând haos social. În ceea ce priveşte legea masonică, este important să se înţeleagă că aceasta se bazează în principal pe spiritul său, mai degrabă decât pe reguli stricte şi rigide.

Aceste reguli nu sunt impuse cu forţa, ci sunt oferite ca un model de conduită bazat pe înţelepciunea dobândită prin experienţă. Este esenţial de menţionat că aceste reguli masonice sunt destinate unor indivizi care au un gândire independentă şi se conduc în viaţă după raţiune şi logica proprie.

Un mason este considerat un gânditor şi, ca atare, raţiunea rămâne legea fundamentală pentru el.

În masonerie, se pune accent pe dezvoltarea calităţilor umane şi pe îmbunătăţirea de sine. Reglementările masonice sunt ghiduri care încurajează membrii să trăiască în conformitate cu principiile de etică şi moralitate, dar fără a le impune cu forţa.

Prin această abordare, masonii sunt încurajaţi să-şi dezvolte propriile convingeri şi să acţioneze cu înţelepciune, ţinând cont de raţiune şi de spiritul legilor masonice. Astfel, masoneria îşi asumă rolul de a ajuta membrii să devină oameni mai buni, fără a le limita libertatea de gândire sau acţiune.

Masoneria este fundamentată pe raționalitate și promovează corectitudinea în toate acțiunile sale. Acest aspect conferă inițiatului o libertate totală, așa cum spune principiul că masonul trebuie să fie liber într-o lojă liberă. Libertatea se bazează pe înțelegerea că rațiunea și voința trebuie să fie ghiduri principale pentru acțiunile individului.

În acest context, celebrul citat *"Fă ce vrei"* atribuit lui Rabelais are o semnificație profundă. El sugerează că oamenii care sunt liberi din naștere, educați corespunzător și au interlocutori demni de respect, au

deja un instinct şi o înţelegere naturală care îi îndeamnă să urmeze virtutea şi să respingă viciul.

Aceste calităţi sunt denumite "onoare" şi sunt motivate sincer în acţiunile lor. Cu toate acestea, când aceiaşi oameni sunt supuşi unei guvernări proaste şi constrângeri, devenind astfel opriţi şi aserviţi, ei pot să îşi abată nobila lor înclinaţie şi să se opună servituţii.

Acest lucru se datorează faptului că oamenii tind să facă ceea ce le este interzis şi să dorească ceea ce le este refuzat, atunci când li se limitează libertatea şi drepturile fundamentale.

Astfel, în masonerie, se promovează ideea că libertatea individuală trebuie respectată şi că oamenii trebuie să acţioneze în conformitate cu raţiunea şi virtutea, evitând viciile şi urmărind onoarea şi corectitudinea în tot ceea ce fac.

IMPORTANȚA UCENICULUI ÎN FRANCMASONERIE

Gradul de Ucenic reprezintă fundația solidă pe care se construiește întreaga structură a Masoneriei.

În această etapă inițială masonii încep să învețe și să asimileze principiile și simbolurile esențiale ale acestei

venerabile frății străvechi.

Întrucât cunoașterea și înțelegerea profundă a acestui grad servesc ca temelie pentru progresul viitor al unui mason, este imperativ ca fiecare membru să se dedice studierii și învățării sale. Acest grad inițial este cheia de boltă care deschide ușa către toate celelalte grade și învățături masonice.

Chiar și pentru cei care avansează în ierarhia Masoneriei și ajung la grade superioare, cunoașterea temeinică a învățăturilor ezoterice ale gradului de Ucenic rămâne esențială.

Indiferent cât de înalt este gradul lor, masonii nu pot pretinde că dețin o cunoaștere autentică în Masonerie dacă nu au solidificat bazele învățăturilor primului grad. Acest concept subliniază importanța permanentă a întoarcerii la rădăcini și a învățării continue în francmasonerie, indiferent de nivelul ierarhic atins.

DESPRE INIȚIERE

Acest moment este cu adevărat unic și deosebit în viața unui individ. După inițierea în francmasonerie, experiența devine profund transformatoare, atât din perspectiva personală, cât și din interacțiunea cu Frații din Lojă.

În urma inițierii, tot ceea ce credea fiecare fost profan, acum devenit Ucenic francmason, că știe despre modul în este percepută lumea de zi cu zi, se

schimbă fundamental, în conformitate cu principiile și
învățăturile Frăției masonice.

Această trăire inițiatică deschide noi orizonturi în
fața ochilor minții. Tot ce am considerat anterior a fi
simplă și profană banalitate, capătă acum o nouă și
profundă semnificație, iar această perspectivă este
fundamentată pe învățătura masonică. Fiecare aspect
al vieții cotidiene, de la relațiile cu ceilalți până la
înțelegerea profundă a valorilor morale și spirituale,
este reinterpretat în lumina principiilor și simbolurilor
Masoneriei.

Acest proces de transformare nu doar schimbă percepția individuală asupra vieții, ci și modul în care masonii interacționează cu lumea și cu semenii lor. Într-un fel, aceasta reprezintă o intrare într-o nouă realitate sau într-o lume interioară care se dezvăluie treptat și care este ghidată de învățăturile Masoneriei. Este o călătorie spirituală și intelectuală profundă care îmbogățește viața și aduce iluminare într-un mod unic și semnificativ.

Deși poate ai fost de nenumărate ori ca profan în Viena, ca să iau cel mai comun exemplu, după inițiere, după ce ai devenit Francmason, fiecare catedrală sau loc renumit din acest oraș, dezvăluie o altă perspectivă când le vezi cu ochii unui mason.

Simbolurile și semnificațiile ascunse se dezvăluie într-un mod unic, iar chiar și elementele mici, precum *"Virgil Kapelle"* din subsolul catedralei Sfântul Ștefan care se poate vedea / vizita din stația de metrou, devin mai profunde în semnificație. Este asemenea unei transformări a viziunii, în care fiecare detaliu prinde viață și înțeles în contextul învățăturilor masonice.

Cu toate că Francmasoneria este o legătură puternică între membrii săi, un membru nou, un Ucenic, este privit și perceput diferit de către ceilalți masoni. El nu este văzut doar în funcție de ceea ce și-ar dori să fie, ci în special în funcție de ceea ce este recunoscut de către frații săi că este.

Primordial, un mason este văzut ca un individ liber, dotat cu virtuți și moravuri ireproșabile. El este prieten cu toți ceilalți masoni, indiferent de avere sau statut social, cu condiția ca aceștia să manifeste virtute și integritate.

Această perspectivă subliniază valoarea fundamentată pe moravurile și caracterul unui individ în lumea masonică. Fiecare mason este chemat să își cultive virtuțile și să împărtășească aceeași etică morală cu ceilalți membri ai Frăției.

Prin aceasta, se creează o comunitate solidă, bazată pe respect reciproc și pe aspirația comună către perfecțiune și înțelepciune.

GÂNDIREA ÎȚI CONFERĂ LIBERTATE

A nu gândi înseamnă să îți abdici în mod consimțit libertatea de a alege, accepți să fi influențat și condus de alții, și să fi manipulat fără a-ți exercita propria rațiune. Una dintre caracteristicile definitorii ale omului în raport cu celelalte ființe de pe Pământ este capacitatea sa intelectuală și puterea de gândire. Gândirea este ceea ce îi oferă individului libertatea de a lua decizii informate și de a-și crea propria perspectivă asupra lumii.

De-a lungul istoriei, gânditorii au fost recunoscuți ca ființe de excepție, iar Francmasoneria împărtășește și promovează această calitate în rândul membrilor săi.

Un gânditor autentic nu este doar cel care acumulează cunoștințe și informații în mod mecanic. Memoria sa nu este aglomerată cu detalii inutile. El este un spirit liber, capabil de raționament și discernământ independent, și nu trebuie supus catehizării sau îndoctrinării fără discernământ.

Francmasoneria înțelege și respectă această natură a gânditorului. De aceea, ea evită să impună dogme sau convingeri rigide membrilor săi. În schimb, ea încurajează dezvoltarea și cultivarea gândirii independente și promovează explorarea și înțelegerea profundă a lumii prin prisma raționamentului și a învățăturilor masonice.

Această abordare deschisă și neîngrădită în masonerie reflectă respectul pentru individ și pentru procesul său de dezvoltare intelectuală și morală.

În Masonerie, unul dintre principiile fundamentale este că fiecare individ este încurajat să caute Adevărul, Dreptatea și Frumosul.

Organizația își asumă rolul de a oferi îndrumare și de a veghea pentru a evita erorile, dar nu impune adevărul în mod autoritar sau dogmatic. În schimb, încurajează membrii săi să își dezvolte propria

înțelegere și convingerile în aceste domenii esențiale ale vieții.

Francmasoneria respinge cu fermitate folosirea frazelor și formulărilor care promovează o înțelegere limitată sau falsă a cunoașterii. Ea consideră aceste zorzoane ale cunoașterii greșite ca fiind dăunătoare și contraproductive pentru că limitează perspectiva și dezvoltarea personală.

Pentru a încuraja gândirea independentă și explorarea profundă a învățăturilor masonice, Francmasoneria folosește alegorii și simboluri. Aceste elemente sunt folosite pentru a transmite învățăturile într-un mod misterios și provocator, care invită pe fiecare mason să caute înțelesuri mai adânci și să dezvolte clarviziunea, în sensul de a vedea dincolo de suprafața lucrurilor.

Astfel, mesajul evident adresat membrilor, dar mai ales Ucenicilor, este să caute înțelegerea adevărată și să devină clarvăzători în sensul de a dobândi o viziune mai profundă și mai clară asupra lumii și a învățăturilor masonice.

Acest proces de dezvoltare personală și spirituală este unul dintre principiile de bază ale francmasoneriei și reprezintă o călătorie constantă spre lumină și înțelepciune.

În mod surprinzător, cea mai importantă informație pe care o vor descoperi Ucenicii pe parcursul vieții, creșterii și dezvoltării lor în francmasonerie este:

"ÎN MASONERIE NU VEI PUTEA ȘTI DECÂT CEEA CE AI GĂSIT TU SINGUR!"

RITUALURILE INIȚIATICE

Ritualurile inițiatice din francmasonerie sunt distincte de ceremoniile de hirotonisire sau de alte practici religioase.

Când un profan devine mason, această transformare nu presupune automat că a dobândit toate trăsăturile care îl diferențiază pe gânditorul iluminat de o persoană neinstruită sau lipsită de înțelegere. Inițierea în sine

este doar primul pas pe drumul către cunoaștere și iluminare în francmasonerie.

Principala responsabilitate a unui Ucenic în urma Inițierii sale este să se dedice studiului și înțelegerii semnificațiilor adânci ale Ceremoniei de Inițiere. Întreg Ritualul nu este doar o formalitate, ci este o experiență profundă și simbolică care conține învățăminte și înțelesuri ascunse. Pentru a trăi în conformitate cu valorile Masonice și pentru a deveni un gânditor iluminat, Ucenicul trebuie să se angajeze într-o călătorie personală de explorare și dezvoltare a acestor învățăminte.

Este important să înțelegem că inițierea reprezintă doar un punct de pornire, iar drumul către iluminare în francmasonerie este o călătorie continuă și profundă în cunoașterea de sine și înțelegerea învățăturilor masonice. Prin această dedicare și efort constant, masonii pot să crească în înțelepciune și să aducă la viață adevăratele valori ale Masoneriei în viața lor de zi cu zi.

Ceremonia de inițiere în francmasonerie nu este doar un spectacol formal sau o simplă tradiție; acesta reprezintă o punere în scenă în mod simbolic a unui program pe care neofitul este îndrumat să-l urmeze pentru a dobândi și a-și însuși toate calitățile și învățăturile masonice. Acest program este fundamentul esențial al inițiatului, singura sa responsabilitate care implică și celelalte îndatoriri masonice.

Obligațiile de bază ale unui Ucenic Francmason sunt stabilite în mod explicit în jurământul pe care l-a depus înainte de a fi acceptat în rândurile Masoneriei.

Acestea sunt:

- *Să păstreze tăcere față de profani*

  Acest aspect se referă la menținerea secretelor și a învățăturilor Masoneriei în interiorul organizației și la respectarea confidențialității acestora.

- *Să caute adevărul*

  Ucenicul este îndemnat să fie în căutarea constantă a adevărului și să își dezvolte înțelegerea

învățăturilor masonice și a lumii înconjurătoare.

- *Să vrea să se facă dreptate*

Această obligație se referă la angajamentul de a promova dreptatea și corectitudinea în toate acțiunile și deciziile sale.

- *Să-și iubească Frații*

Ucenicul trebuie să își arate dragostea și respectul pentru ceilalți membri ai francmasoneriei și să dezvolte o legătură strânsă și solidă cu Frații săi.

- *Să se supună legii*

Aceasta înseamnă respectarea regulilor și regulamentelor Masoneriei și a valorilor sale morale, precum și supunerea față de autoritățile masonice legitime.

Aceste obligații reprezintă angajamentele fundamentale ale unui Ucenic în francmasonerie și reflectă valorile și principiile organizației.

Prin respectarea acestor îndatoriri, masonii devin parte activă a unei comunități care urmărește iluminarea și dezvoltarea personală și care promovează în același timp bunele moravuri și principiile etice în societate.

ÎN LOC DE CONCLUZIE

Primul grad în francmasonerie are o importanță centrală și este considerat cheia care deschide ușa către toate celelalte grade și învățături masonice.

Acest grad inițial este de fapt temelia pe care se construiește întreaga structură a Masoneriei.

Fiecare progres ulterior pe care un mason îl face în ierarhia Masoneriei se bazează pe o înțelegere profundă și corectă a primului grad.

Este ca și cum acest prim grad este fundamentul pe care sunt adăugate straturi suplimentare de cunoaștere și înțelegere. Fără o temelie solidă în primul grad, progresul în gradele superioare ar fi lipsit de profunzime și semnificație.

De aceea, studiul aprofundat al primului grad este esențial pentru orice mason care dorește să-și dezvolte învățăturile și să avanseze în francmasonerie.

Înțelegerea profundă a semnificațiilor, simbolurilor și principiilor primului grad oferă o bază solidă pentru evoluția personală și morală a fiecărui mason.

Prin urmarea acestei căi de dezvoltare, masonii sunt capabili să aducă lumină și înțelepciune în propria lor viață și în comunitatea lor, contribuind astfel la scopurile nobile ale francmasoneriei.

BINE AI VENIT ÎN MASONERIE, FRATE UCENIC!

CUPRINS